「居場所づくり」から
「要《い》場所づくり」へ

黒澤英典

練馬区地域教育力・
体験活動推進協議会　【共編】

学文社

刊行によせて

本書は、私どもが設置した「練馬区地域教育力・体験活動推進協議会」にご参加いただいたみなさんが、地域社会の教育力の再生に向けての熱い思いを綴られたものです。協議会には、地域の教育力をいかに再生するかというテーマでの議論をお願いしました。夕刻から始まる会議は、毎回、談論風発で、予定の時間もあっという間のことに感じるほどの熱の入りようでした。三年間にわたり、あれほどの熱い議論が交わされたわけですから、本の出版へとつながったことも当然のことと頷けます。今回、みなさんの文章を拝読し、協議会の中で発言なさっていたことや答申文の中にお書きくださったことの奥には、このような想いや実践があったのかと改めて知った次第です。本書の題名である〝「居場所づくり」から「要《い》場所づくり」へ〟は、協議会から発表された中間報告書で使われたものです。「要《い》場所づくり」という考え方が新鮮だったためか、全国の方から問い合わせをいただきました。「居場所づくり」について、同じような問題意識を持っておられる方が数多くいらっしゃるということでしょう。その意味で、多くの方から待望されていた本が、今まさに上梓されたわけです。

さて、最近、「要《い》場所づくり」の大切さを我ながら実感する機会に恵まれました。白川郷にある合掌造り民家の屋根を葺き替えるドキュメンタリー番組を観た時のことです。本書でも「結《ゆ》い」について触れられていますが、この番組は、葺き替え作業が、地元の人々だけでなく全国から集まったボランティアの手によって行われる様子を記録したものでした。何百人もの人々が民家の庭先から屋根の先端まで何列にも並び、束ねられた萱を手渡しで次から次へと運び上げながら葺いていく作業でした。萱の刈り取りも地域総出の作業となります。映像では、子どもたちが自分の背丈より高い萱を慣れない手つきで刈り取り、束ねていく様子も紹介されていました。束ねた萱は子どもたちから年上の若者たちの手を経て、萱を葺く作業に携わるおとなたちの手元に届きます。そのおとなたちの頭上では、古老からの細かな指示が飛び交います。まさに、「高齢者は知恵を出し、若者が力を出す」（本書のイバショヅクリノススメから引用）世界です。作業は延々と何時間も続き、萱束を持ち上げる子どもたちの頭や顔には、容赦なくほこりや萱の破片がふりそそぎます。手渡した萱が次々と萱屋根に変わっていく作業を見守りながら、子どもたちはいずれの日にか、自分たちが棟の上に立ち、萱を葺く立場にならねばならないことを自覚するのです。子どもたちの胸には、今日葺いた屋根が何十年もの間、その家とそこで生活する家族を守り続けること、世界に誇れる文化財を自分たちの力で維持していることなど多くの思いが去来していたのではないでしょうか。この番組の情景と、協議会のみなさんが言われる「子どもたちが、かけがえのない存在として地域社会の中で活かされ、感謝され、必要とされる」要《い》場所づくりのイメージが重なり感動を覚えたのです。

　たしかに、このような体験は、全国、どこでもできるわけではありません。しかし、私たちの生活を今一度、見直してみれば、「要《い》場所づくり」へとつなげることができそうなことは多くあるのではないでしょうか。家庭や学校、地域の中でも、工夫次第で、子どもたちの力を活かせる場所が見つかるはずです。ちょっとしたお手伝いなどの経験を通しても、子どもたちは自らの有用感や使命感を感じるものです。また、青少年を健全育成の単なる対象ではなく、責任ある主人公として位置づけている場合に、よい結果が見られるともいわれます。団地や町会の行事、地域のお祭り、運動会、伝統行事、環境保護活動、ボランティア活動などにちょっとした工夫を加えて「要《い》場所」としていただければと存じます。また、このような時にヒントとなる考え方や実践例がまとめられているのが本書です。私自身も、本書を参考に、都会の中でもこのようなことが可能だったのかと評価していただけるような実践をめざす覚悟でおります。ぜひ、本書が心豊かな地域社会の形成をめざす多くの方々にお読みいただけますことを願っております。

最後になりましたが、お忙しい中、執筆されたみなさま方、とりわけ発刊万端にわたる労をおとりいただいた武蔵大学人文学部黒澤英典教授に心より敬意を表するとともに、今後とも変わらないご指導をお願いいたします。

練馬区教育委員会教育長

薗部　俊介

はじめに――子どもたちに「生きる力」とともに「生きる励み」を

練馬区地域教育力・体験活動推進協議会では、地域の教育力をいかに再生、活性化させるか、また、子どもたちの体験活動をいかに豊かな育ちの場としていくかということについて三年間、真剣に協議を続けました。そして、その成果を、『活きいき　ワクワク　ふるさとねりま～二一世紀を生きる子どもたちに希望と勇気を！～』、『「居場所づくり」から「要《い》場所づくり」へ』、『未来へ！　ふるさとねりま～共に育つ「要《い》場所づくり」のすすめ～』という三つのレポートにまとめました。特に、後の二つのレポートの表題にある「要《い》場所」という言葉は、私たちの考え方を表現する最も大切なキーワードです。私たちは、この言葉に「子どもたちが、かけがえのない存在として地域社会の中で活かされ、感謝され、期待され、必要とされる場所」という意味を託しました。

そもそも、地域の教育力の再生、活性化は、子どもたちの「生きる力」を育むことが第一のねらいでした。文部省（現在の文部科学省）が行った調査では、「小さい子を背負ったり遊んであげる」などの生活体験や、「食器を揃えたり片付けをする」などの手伝いの経験、さらに「チョウやトンボなどの昆虫を捕まえる」・「花壇の草花に水をやる」などの自然体験が豊富な子どもほど「バスや電車で、高齢者に席を譲る」、「友だちが悪いことをしていたらやめさせる」などの道徳観や正義感が身に付いている傾向が見られたことが報告されています。また、このような経験や体験は、こと道徳観や正義感に限らず、自負心や有用感、勇気、向上心、自立心、思いやりの心など、単に「生きる力」という言葉だけでは表現できないような心情を育むものでしょう。また、このようなことが、現在、子どもたちのボランティア活動や自然体験活動等の推進が求められている理由ともなっていると考えられます。

一人ひとりの子どもたちが、それぞれの人生を、希望と勇気と自信を持ち、自らの力で力強く切り拓き続けていってほしい、これは私たちおとなの共通した願いです。そして、このために必要とされるものは、いわゆる「生きる力」だけではないはずです。日常の会話の中では、「頼りにされているということがわかり、《生きる力》が生まれました」とか、「この子がいることが《生きる力》となっています」というような言い方が、しばしばされます。ここでの《生きる力》は、いわゆる「生きる力」とは、ややニュアンスを異にしています。こうしたことからも、「生きる力」には、少なくとも二つのもの、しかも性質がかなり異なった二つのものがあると考えられそうです。

一つは文字通り力、能力というべきもので、これが、一般に言われているところの「生きる力」です。能力としての「生きる力」ですから、それを身につけるためには、体験や練習など、自らの能動的な活動が必要とされます。

それに対して、もうひとつの《生きる力》は、偶然の出会いやふとしたことで気づくようなもので、さきほどの「生きる力」に比べれば、やや受動的な由来を持つ場合が多いかもしれませんし、「生きがい」とか「生きる励み」という言葉に近いものかも知れません。しかし、私たち人間が生き続けていくためには、必要不可欠なものです。私たち自身のことを考えても、このことは納得できることではないでしょうか。私たちは、多かれ少なかれ「生きがい」や「生きる励み」があるからこそ、毎日生きていけるものです。やや、単純化して言えば、「生きる」ために必要なものが「生きる力」で、「生き続ける」ために必要なものが、「生きがい」や「生きる励み」であると言えるかもしれません。

「生きがい」や「生きる励み」のない人生は、おとなのみでなく、子どもにとっても、最も厭うべきものです。このようなものがない生活には、逃避や拒否が付き物であることも当然のことです。現在、ニートの増大ということが、きわめて大きな社会問題となっていますが、これなどもいわゆる「生きる力」を育てるということだけでは、解決できないように思えます。むしろ、青年たちに必要とされることは、「生きがい」や「生きる励み」というものではないでしょうか。ニートを働くことや学ぶことへの希望喪失の状態であるとすれば、まさしく、青年たちが働くことや学ぶことに「生きがい」や「生きる励み」を持てなくなっているということを示しています。なるほど、現在、子どもたちに「生きる力」をつけるために、学校教育のみならず社会教育の総力を挙げて、さまざまな取組みがなされていますが、同時に、それらは、子どもたちが、「生きがい」や「生きる励み」をも発見することができるようなものであってほしいものです。

　私たちのレポートでは、「要《い》場所」という言葉がキーワードとなっていることは、先ほどご紹介した通りですが、私たちが「要《い》場所づくり」の必要性を強調する理由は、「要《い》場所」が、子どもたちにほかならぬ「生きがい」や「生きる励み」を感じさせ、与えてくれる場所になると確信するからです。さらには、子どももおとなも共に育ちあえるような場としても、この「要《い》場所づくり」が非常に有効であると確信するからでもあります。

　協議会では、「要《い》場所づくり」のためのモデル事業も実施し、その結果から、「要《い》場所づくり」のポイントを、具体的な一〇カ条にまとめて提案いたしました。ちなみに、この一〇カ条の文頭を順に読んでいくと、イバショヅクリノススメとなるような工夫もしてみました。これも、ひとえに、多くの人々に活用していただきたい一念からです。とにもかくにも、地域に一つでも多くの「要《い》場所」が誕生してほしいと願う気持ちでいっぱいです。また、「要《い》場所」の必要性は、練馬区の子どもたちだけに限られたものではありません。すべての子どもたちにとって必要とされるものです。このようなことから、この度は、「二一世紀を生きる子どもたちに、希望や勇気、自信を！」と願う全国の人々に、私たちの想いを発信しようと考えました。本の表題も、『居場所づくり』から「要《い》場所づくり」へ』としてみました。

　本書では、これまでに発表した三つのレポートの中に託し切れなかった想いを、協議会メンバーがそれぞれの立場から述べています。子どもたちの新しい居場所づくり（「要《い》場所」）を志す全国の多くの人々に私たちからのメッセージが受信され、力強い共振が行われることを願っています。

練馬区地域教育力・体験活動推進協議会会長
武蔵大学人文学部教授
黒澤　英典

「居場所づくり」から
「要《い》場所づくり」へ

目次

第1章　未来への挑戦：今こそ、「要《い》場所づくり」を！

❶ 練馬区地域教育力・体験活動推進協議会の発足

平成一四（二〇〇二）年度に文部科学省が「学校内外を通じた奉仕活動・体験活動推進事業」、「子ども放課後・週末活動等支援事業」という委託事業を始めます。委託事業ですから、委託元の文部科学省が実際の事業を行うのではなく、委託先が事業を行うものです。この事業はさらに複雑で、初め、国から東京都が委託を受け、それを東京都が区市町村に再び委託するというものでした。私たちの協議会も、練馬区が、東京都から、事業の再委託を受けたことから、設置されたものでした。

教育委員会で決定した協議会の設置要領では、「練馬区における地域の教育力活性化に向けた生涯学習支援施策にかかる諸課題について協議等を行い、もつて今後の同施策の充実に寄与するため」に、この協議会を設けることになっています。役所言葉は、どうしてこうも回りくどいのかと思ってしまいますが、要は、「地域の教育力を活性化させるためにはどうしたらよいか」を話し合うために協議会が設置されたわけです。

今回の協議会は、学識経験者、学校教育や社会教育の関係者、公募による区民など一三名で構成されました。学識経験者には、練馬区にある日本大学芸術学部、武蔵野音楽大学、武蔵大学の教員が委嘱を受けました。学校教育関係者は、小学校長、中学校長、総合教育センターの教育相談員の三名です。社会教育からは、永年、学校開放事業に携わってきた学校開放運営委員長と体育指導委員の二名です。体育指導委員は、『スポーツ振興法』という法律に基づいて市町村教育委員会に置かれ、住民に対してスポーツの実技指導や助言などを行う非常勤公務員です。公募委員の顔ぶれは、子育て真っ最中の主婦、地域でユニークな学習塾を主宰している元小学校教諭、地域で子どもたちの音楽活動やスポーツ活動の指導をしている女性、青年海外協力隊員としてザンビアに派遣されたこともあるプロカメラマン、町会長でもある元公立中学校長の五人です。皆、区報に載った募集記事を見て応募した人たちのなかから、論文審査を経て選ばれた方々です。

さきほどの設置要領では、委員の任期は、委嘱を受けた一年間となっていますが、再任することもできるという規定もあったためか、前任者の定年退職で交代した小学校の校長先生以外、三年間、同じメンバーでした。同じメンバーでできたということも、この協議会が、とても上手くいった理由の一つだったと感じています。また、このような態勢の中にあって、最後の一年間だけの任期ということで、やりにくいとお感じになる部分もあったでしょうに、いつも、小学校教育の現場に即した貴重な発言をしてくださった校長先生には、とりわけ感謝しています。

各年度とも、七回ほどの協議を行い、初年度と最終年度に答申を行いました。二年度目の後半期には、翌年度も、同じメンバーで行けそうな感触が得られましたので、あえて少ない回数の中で無理をしてまとめることはせず、中間報告を提出することで、この年度は終えることにしました。その代わり、最終年度には、中間報告の内容を検証するようなこともやろうということになりました。そこで、この種の協議会としては、珍しいかもしれませんが、最終年度には、検証を目的としたモデル事業も行いました。最終の答申文は、このモデル事業の成果を検証して書いたわけです。これら答申文二本と、中間報告の全文は、練馬区のホームページで見ることができますので、ぜひご覧いただきたいと思います。本章では、私たちが、「要《い》場所」という考え方に、どのようにしてたどり着くことになったかということについて、答申文の内容を紹介しつつ述べてみたいと思います。

2 宝モノは足元に

平成一四年度の協議会は、教育長から、「練馬区における地域と家庭の教育力活性化方策について～生涯学習関連機関・団体等の学習資源を活かす協働の可能性～」という諮問を受けました。役所言葉ですから、何やら難しい表現ですが、要は、地域や家庭の教育力をアップするためには、地域の人々がどう手をとりあっていくべきかという諮問です。初年度ということもあり、協議会の発足は九月末でしたが、その後、毎月一回のペースで協議を進め、翌年の三月には『活《い》きいき　ワクワク　ふるさとねりま！～二一世紀を生きる子どもたちに希望と勇気を！～』という表題で答申文を提出することができました。メインタイトルの「活《い》きいき　ワクワク　ふるさとねりま！」は、「地域に住む人々がいきいきと学びあい、暮らし合うことが、ワクワクするような地域創りにつながり、そのような地域の中でこそ、子どもたちもいきいきと育ち、輝くはずだ」という想いを表しています。子どもが生き生きとするためには、まずおとなが生き生きとしなければだめだ、子どものお手本は、おとなだという、ごく当たり前の考え方です。

また、サブタイトルの部分は、諮問文で言われている「地域と家庭の教育力活性化」の目的は、どこまでも「二一世紀を生きる子どもたちに希望と勇気を」与えるということになければならないという大前提を謳ったものです。このような大前提で、協働の在り方を総括的に提言したのが、初年度の答申でした。

1 「共育《ともそだ》ち」がキーワード

協議会では、地域のあり方として、次の四点が求められることを述べました。

① 地域を「共育ち」の場にすること
② 地域を子どもたちの活動の場とすること
③ 地域を「子縁《こえん》」のネットワークの場とすること
④ 地域をさまざまな人々から学べる場とすること

まず、よく言われることですが、「共育ち」の場でありたいということです。これは、子どもだけでなくおとなも共に育つということです。私たちは、ともすると、育つのは子どもたちで、おとなは、すでに完成されたもので育つものではないと考え勝ちではないでしょうか。しかし、子どもだけでなく、おとなも共に育つ存在であると考えることが、非常に重要です。今回の協議会では、「共育《ともそだ》ち」が大切であるということが基本的な姿勢でした。

「子どもたちの活動の場とする」という意味ですが、これは、たとえ家庭や学校の中で居場所を見つけられないような子どもたちでも、自分の活動場所を見つけられるような地域であってほしいということです。ただ、この時点では、まだ「要場所《い》」という考え方までには至ってはいませんでした。

「子縁《こえん》」ですが、これは、子育てを通してできるおとな同士のつながりのことです。日常会話の中でも、「実は、子どもの学校のＰＴＡ活動が縁で、知り合ったのです」とか「あの方とは、子ども同士が同じ野球クラブの部員だった縁で、親しくしています」などという話をしばしば耳にしますが、このような関係を子縁と呼びました。この子縁をさらに、「友だちの友だちもみな友だちだ」式に広げていけばユニークなネットワークができるかも知れません。

「さまざまな人々から学べる場」という意味は、地域には、子ども、高齢者、障害のある人、外国人などさまざまな状況にある人々が暮らしていますが、このような人々から互いに学びあえるような地域のことです。包容力や豊かさを持った地域の中にこそ、「共育ち」の可能性も大きく秘められており、子どもたちには、このような豊かさの中でこそ育ってほしいという願いです。

一九九六年にユネスコの二一世紀教育国際委員会が『学習：秘められた宝』（*Learning: The Treasure Within*）という報告書を発表しました。この報告書の中では、二一世紀の教育がよって立つべき四本柱を提案しています。その四本柱とは、「知ることを学ぶ」、「為すことを学ぶ」、「共に生きることを学ぶ」、「人間として生きることを学ぶ」の四つです。このうち「共に生きることを学ぶ」については、一つの目的のために共に働き、人間関係の反目をいかに解決するかを学びながら、多様性の価値と相互理解と平和の精神に基づいて、他者を理解し、相互依存を評価することであると説明しています。また、そう説明したうえで、「この学習形態こそ今日の教育にとっての最大課題の一つである」と述べています。協議会で言うところの「共育ち」も、まさにこのことです。「共育ち」は、二一世紀を生きる子どもたちだけでなく、私たちおとなにとっても相応しいキーワードだと確信しています。

2　子どもたちにも、おとなたちにも、もっと期待していい

練馬区の子どもたちの実態や区民の生涯学習に関する意識調査の結果がいくつか発表されています。これらを読んでみると、「やや消極的だけど地域が好き」だという子どもたちの姿や、「生涯学習ボランティア活動に積極的である」というおとなたちの姿がわかりました。

自分たちの意見や考えを発表することや「地域」で行われる行事の企画などへの参加には消極的な子どもたちが多いのですが、一方で「地域が好き」とか「現在住んでいる地域に永住したい」とする子どもたちも多いのです。自分から進んで行事を企画するようなことは、やや苦手のようですが、地域には愛着を持っているというこ

とがわかり正直なところ安心しました。子どもたちとおとなが一緒になって地域で活動するような機会をなんとか増やしたいと考えていた私たちにとって、これで一個目のハードルはクリアされました。

また、おとなたちについて言えば、生涯学習活動によって得た知識や経験を、ボランティア活動を通して、地域社会に役立てたいと考えている人が多くいることがわかりました。これで、二個目のハードルもクリアです。「やや消極的だけど地域が好きな子どもたち」と「生涯学習ボランティア活動に積極的なおとな」たちを結びつけることができれば、何かできそうに思いました。また、子どもたちに、参加したいボランティア活動の内容について尋ねた質問には、年少の子どもたちの面倒をみるということに興味を持っているとの答えが多くありました。このことは、最近の子どもたちには不足している異年齢同士による地域活動の可能性が大いに期待できることを示しています。これで、三個目のハードルも跳び越せる可能性が見えてきました。子どもたちにも、おとなたちにも、もっと期待していいということです。

3　すべては「地域の宝」、「地域の力」

地域の教育力とか地域の教育資源という言葉が、当たり前のように用いられていますが、答申文では、それを「ねりまの力」、「ねりまの宝」と呼ぶことにしました。老人力、教師力など、なになに力という言葉が流行しているようにも思えましたので、はじめ「ねりまの力」という言葉を用いることに多少のためらいはあったのですが、この言葉には、単なる教育力に限定されるのでない、ちょうど大地から植物の芽が萌え出る時のような力強さや豊かさを感じさせるものがあると思い、用いることにしました。また、宝（タカラ）と力（チカラ）は、カナにすれば一字違うだけで響きも似ています（多くの人々にアピールするためには、用いる言葉の響きも大切です）。偶然ではありますが、ユネスコの二一世紀教育国際委員会の前掲書でも宝という言葉を使用しています。

さらに、地域には、自然環境も含め、さまざまな物があり、さまざまな人々が生活し、さまざまないとなみが繰り広げられていますが、これらを一緒くたに宝と呼ぶことを避け、これらの物、これらの人、これらの事柄を「宝モノ」、「宝ビト」、「宝ゴト」とも呼んでみました。たとえば、お祭りのお神輿は宝モノ、お神輿の担ぎ手は宝ビト、お祭り自身は宝ゴトと言えます。お神輿だけでも、担ぎ手だけでも、お祭りは成り立ちません。宝モノは使い手である宝ビトがあってこそ、宝モノとなります。宝ゴトも、宝モノ、宝ビトの両方の存在があってこそ、成り立つものです。ヒトもモノも認められ、活かされることによって、宝となるものです。

特に、「誰でも宝を持っているはず」だというのが協議会の考え方でした。たとえば、誰しも成功話は話しやすいのですが、失敗談は苦手なものです。しかし、子どもたちには、成功話を聞くよりも、失敗談を聞く方が、ためになる場合が多いのではないでしょうか。失敗するのは自分一人だけではない、誰だって失敗するのだ、失敗しながらも生きているのだというメッセージが、子どもたちには必要なのではないでしょうか。まさしく、失敗の経験が宝であるのです。おそらく、失敗談を持ち合わせていないおとなは一人もいないでしょうから、子どもたちの前でそれを話せる勇気さえあれば、だれでも「宝ビト」となりうるわけです。必要なことは、私たちおとなが日々の生活の中で、失敗を犯しながらも、いきいきと輝き、主体的に生きつづけることです。その姿が、子どもたちにとっての最大の宝であると考えます。

4　「地域の宝」に期待したいこと

地域にあるあらゆるもの、地域で生活するあらゆる人々が、宝となりうるということを述べました。とりわけ、町会などの地域組織、地域にある企業や事業所、社会教育や文化活動を行っている団体にはそれぞれ、ボランティア体験活動の場の提供、子どもたちのためのインターンシップ活動への協力、日頃の学びの成果の地域還元をお願いできればと考えました。

このうちのインターンシップ活動ですが、もともとは、学生が就職するにあたって、希望する仕事の内容や自分の適性をみるために、見習生、研修生として、一時的に、その仕事を体験する活動をさす言葉ですが、子どもたちの体験活動の場の一つとしても重要だと考えます。とりわけ、ニート対策としても、今後、さらに活用されることが望まれます。また、いずれにしても、このような活動を行う場合には、おとな側の一方的な思い込みからではなく、子どもたちにとって、最善の利益は何かという視点が常に大切にされねばならないことは当然です。

そして、地域の学校や公民館などの教育機関には、これらの地域の宝を磨き、輝かせる活動が期待されます。

一九八九年、第四四回国連総会で採択された「子どもの権利に関する条約」の第三条第一項では、「子どもにかかわるすべての活動において、その活動が公的もしくは私的な社会福祉機関、裁判所、行政機関または立法機関によってなされたかどうかにかかわらず、子どもの最善の利益が第一次的に考慮される」（国際教育法研究会訳）と、あらゆる場面で、子どもの最善の利益が第一に考慮されるべきことを唱っています。「子どもの最善の利益」は、英文では the best interests of the child となっています。child（子ども）であり、children（子どもたち）ではありません。つまり、一人ひとりの子どもの最善の利益が考慮されるべきことが言われています。

５　行政にも期待したい

「地域の宝」が宝として輝き、その力を発揮するためには、行政にも、果たすべき役割があります。答申文では、「〝ねりまの宝〟探しを活発化させる研究協議や実践交流の場の設定」、「子どもに関する調査研究活動の実施」、「子ども関連事業広報の改善」、「生涯学習ボランティア活動を始めようとしている区民の支援」、「安全な体験活動を推進するための団体向け研修会等の実施」を求めました。

また、次期協議会の中で検討すべきこととして、「家庭の教育力の活性化方策の検討」、「子ども会議の開催や子どもたちのための施設のあり方、施設プランへの子ども参画の仕組みづくりの検討」、「研究推進地区（仮称「ワクワクねりまモデル地区」）の指定の検討」、「区民参画を推進するための具体策の検討」をあげておきました。

いずれにしても、初年度の答申文では、今ほど、子どもたちが健康で心豊かに育つことができるようなつながりやぬくもりのある教育・文化環境の創造が急がれる時はないこと、また、このようないとなみや環境の創造は、子どもだけでなく、私たちおとなにとっても、必要であることを強調しておかねばと思ったしだいです。

3 「居場所づくり」から「要《い》場所づくり」へ

平成一五（二〇〇三）年度も、教育長から諮問を受け、協議を始めました。諮問の内容は「地域、学校、家庭の協働による共育ちや家庭教育支援を実現させる方策について」というものでした。前年の答申を受け、地域、学校、家庭が一体となり、「地域の宝」を活かしながら、地域協働による共育ちや家庭教育の支援をいかに実現させるべきかについて具体的な提言をお願いしたいというものでした。諮問を受け、初年度と同様のペースで協議を進めましたが、前年度と同じメンバーということで、お互いの気心もわかりあっていましたので、それぞれの委員が腹蔵なく意見を述べ合い、話題も膨らみがちになりました。協議会も二年目に入り、いよいよ実のある話し合いが始まったという感じでした。さらに、回数も予定の半分を過ぎる頃からは、あわてて結論は出したくない、じっくり話し合いを進めたいという思いがメンバー共通の気持ちになっていきました。事務局の方でも、ちょうど同じような考えに傾いていたようで、結果的には、この年度は、中間報告にとどめ、翌年に最終の答申を行うことにしました。しかし、中間報告とはいえ、「要《い》場所づくり」という考え方を提案したきわめて重要なレポートとなりました。以下、その概略を紹介してみます。

1　地域社会を「宝島」にするために

まず、「宝島」という言葉ですが、これは、前年度の答申で、地域の中にはたくさんの宝があるはずだということを述べていましたから、地域を表す言葉として当然のように用いました。つまり、地域こそ「宝島」であるという考えです。ただ、「宝島」にある宝モノや宝ビト、宝ゴトにしても、それを貴重なもの、かけがえのないもの、大切にしたいものと考える人たちがいなければ、いつまで経っても、ただの石ころと同じです。これらのものも、人々との関わりが生まれて初めて、宝となるはずです。要するに、みんなで宝を発見し合い、磨き合う、そういうことが必要だということです。私たちは、そのようないとなみを協働だと考えたうえで、答申文では、「協働を進めるための原則」などと難しい表現にはなっていますが、要するに、地域の中で、宝物同士の関係をどのように築いていったらよいかについて五点、指摘しました。

①　まずは今ある「地域の宝」を大切にする

現在でも、地域には、いろいろな資源や、しくみ、意欲のある人々などたくさんの宝があるわけですから、まずは、このような今ある宝を活かすことを考えようという提案です。最近、内閣府から出された世論調査の結果を見ても、ボランティア活動に参加してみたいと考えている人々が地域にはたくさんいることがわかります。このような人々は、まぎれもない「宝ビト」です。地域に、このようにたくさんいる「宝ビト」に活躍していただかない手はありません。

②　「顔の見える」小さな関係づくりから始める

何かにつけ、ネットワークの構築が大切だということがよく言われますが、ネットワークは一朝一夕にできるものではありませんし、いくら大きなネットワークであっても、「顔の見えない」者同士の関係では、なんとなく不安を感じるものです。やはり「顔の見える」小さな関係づくりから始めるべきです。「顔の見える」関係というのは文字通りの顔のことばかりではありませんが、さりとて顔を見知っていることも、ネットワーク形成には非常に重要な要素です。お互い、顔を知るようになると挨拶も交わせ、挨拶が交わせるようになると、困った時など自然に助けあえるようにもなるものです。

③ 交流によって大きなつながりを創る

「顔の見える」小さな関係を大きなつながりにまで広げるためには「交流」が必要です。また、その「交流」も、直接、顔を会わせ、汗をかきあうようなものが効果的です。自殺サイトを介してメールを交しあった見知らぬ者同士が、生命を断つという何とも悲しい事件がしばしば起きていますが、メールを交し合う代わりに、直接会い、言葉を交わしあっていたら、果たして同じような結果になったでしょうか。

都会にあっては、伝統行事などの習慣も少なくなり、このような「交流」の機会も失われつつあります。このような時代だからこそ、「交流」の機会となる体験活動の場がおとなにも、子どもにも求められるわけです。

平成一七年五月に実施された『生涯学習に関する世論調査』（内閣府大臣官房政府広報室）の中に、「あなたは、今後、ボランティア活動に参加してみたいと思いますか」という質問があります。この質問に対する回答で、「ぜひ参加してみたい」が一〇・〇%、「機会があれば参加してみたい」は五〇・一%と、合わせて六〇・一%の人に参加意向がありました。ボランティア活動の内容としては、「自然・環境保護に関する活動（環境美化、リサイクル活動など）」、「社会福祉に関する活動（高齢者や障害者などに対する介護、給食、保育など）」、「体育・スポーツ・文化に関する活動（スポーツ・レクリエーション指導、まつり、学校でのクラブ活動における指導など）」などの順になっていました。直接、子どもに対する活動でなくとも、これらの活動を子どもたちと一緒に行うことができれば、それはおとなも子どもも共に育つことができる貴重な機会となるはずです。

④ 新しい「結《ゆ》い」の関係を創る

一家族の労働力だけではまかないきれないような仕事に、地域の人々がお互いの力を貸しあうことを、かつて「結《ゆ》い」と呼んでいました。「結い」はお金や物でなく、働くことによって助けあいをするものです。地域のお祭りや共同作業も同様でした。まずは、人々が集まりその人のできることをする、これが、共同作業の原則でした。当然、参加できるはずの人が何かの理由で参加できないような場合には、お金で代えたり、金銭的に余裕のある人がお金も出すなどということはありましたが、いずれにしても、お金は副次的なものでした。しかし、今はお金を出すことが第一になってしまい、体を使うことが副次的なものになってしまっています。初年度の答申の中では、「ぬくもりのあるつながり」の大切さを述べましたが、このようなつながりは、かつての「結い」のような関係づくりの中から生まれるのではないでしょうか。その意味からも、今、改めて新しい「結い」づくりが、求められています。

地域で子どもたちが参加するような体験活動を行う場合にも、少々厳しい方法かもしれませんが、必要な品物は、子どもたち自身が地域を回り、頭を下げて地域の人々から譲ってもらったり、貸していただいたり、必要な人手もお願いして回るということを体験させたらどうでしょうか。また、どうしてもお金が必要な場合にも、子どもたち自身が働くことによって、稼ぎ出すという体験をさせてみることです。農地などを提供することができれば、そこで作物を作らせ、それを地域の方に買っていただき、お金を工面するという体験もさせることが可能なはずです。

先に紹介した『学習：秘められた宝』という本の中で、「共に生きることを学ぶ」ということが、二一世紀の最大の学習課題になっているということを紹介しましたが、実は、その「共に生きることを学ぶ」ための方法が二つあげられていました。その一つが、「他者を発見すること」であり、もう一つが「共通目標のための共同作業」でした。まさしく、「結い」そのものではないでしょうか。

⑤ **行政は支援する役に徹すること**

行政はよけいなことを言わず支援に徹してほしいということです。地域の活動に限らず、日本では、さまざまな事業が行政主導で進められることがしばしばでした。しかし、地域づくりは、借り物では済みません。真に住民自治を求めるならば、私たち住民も、行政が用意したものに乗っているだけでは済みません。住民自身も汗をかくような活動をしなければいけないと思います。また、そのような時、行政に求められることは、住民の活動に対する敬意と、行政でなければできないような支援に徹することではないでしょうか。

2 子どもたちがお客さんではない体験活動を

地域で行われる体験活動は、子どもたちの社会性や地域への愛着心、帰属意識などを育む機会としてたいへんに大きな役割を持っています。このように教育的に重要な役割を果たす体験活動であるからこそ、きちんとした見通しと手立てをもって、臨まねばなりません。子ども体験活動も量より質を考えねばいけない時期に入っているということです。少ない少ないとは言われてはいますが、それでも実際には、子どもたちのための体験活動の場は、結構あるのではないでしょうか。むしろ、問題なのは、子どもたちはお客さん、おとなはお客さんのおもてなしにてんてこ舞いというのが実態なのではないでしょうか。現在の子ども対象事業の多くのものが、子どもたちを活かすという観点からは不十分であるということが、協議会メンバーの共通した認識でありました。このようなことから、子ども体験活動を充実させるためのポイントを四つ、提案しました。

① 子どもたち自身が企画・運営を行うこと
② 循環型のかかわりができるしくみを作ること
③ 異世代間交流事業を行うこと

④〝自分たちは、なによりも大切にされ、必要とされている〟という実感を持たせること

①の子どもたち自身による企画・運営ですが、とかく、おとなは何から何までそろえてしまいがちです。しかし、それでは、子どもたちは、いつまで経っても自立しません。与えられたものは、ちょっとしたことで投げ出しやすいものです。逆に、自分たちで考えたものは、なかなか投げ出さないものです。途中で投げ出さないことが、すべての始まりです。

②の循環型のかかわりができるしくみという意味ですが、これは、地域で体験活動を経験した子どもたちが青年やおとなになってからも、それぞれの立場からかかわることができるようなしくみのことです。このようなことが実現されていけば、この循環の輪の中で、活動も自律的に行われるようになるはずです。子どもが、いつまでも行事のいわゆるお客さんのままではなく、やがては行事を担っていけるようなしくみがなければならないということです。

> 循環と言えば、練馬区教育委員会が作成した「練馬区生涯学習支援プラン二一（第二期）――学びから学びあいへの支援をめざして――」という計画の中でも、「学びの循環」という考え方がキーワードになっています。この計画では「学びの循環」を「知りたい～深めたい～活かしたい」という三段階で表現し、それぞれの段階を支援する施策が体系化されています。子どもたちにも、「知りたい」と思って参加した活動の体験が、それを「深めたい」、さらには、そのことを「活かしたい」と思うようなきっかけになってもらいたいものです。

③の異世代間交流ですが、これはなにも子どもだけに必要とされるものではなく、おとな自身にとっても必要なことです。おとな世代から子ども世代への文化の伝承ということもありますし、子ども世代からおとな世代に対する新しい文化の提案、問題提起ということもあります。また、このような一方方向の流れに限らず、双方の流れが衝突し合うことによって、新しい文化の創造ということもあります。おとなが子どもの感性も併せ持つこ

とも、子どもがおとなほどの経験を持つことも決してできない以上、両者が交流する意義は大きいはずです。また、最近では異世代間交流に加え、異世代間協働ということも言われています。

④の「自分たちは、なによりも大切にされ、必要とされている」という実感を持たせることの重要性ですが、自分が大切にされることや必要とされることを望まない子どもはいないはずです。また、大切にされ、必要とされたという経験が、他の人を大切にしなければならないという気持ちにもつながるはずです。実は、この考えが「要《い》場所」の発想へとつながっていきました。

3　家庭の力は大きい

初年度の答申では、家庭や学校、地域の重要性は述べたものの、具体的には、どんなことを期待するかということについては十分には、書ききれませんでしたので、中間報告の中で、述べることにしました。

まず、家庭への期待ですが、おとな自身も子どもたちと共に学び、育たなければならないということです。特に、父親は、母親のパートーナーとして、家庭教育や躾の問題などについて、母親と共に悩み、共に考え、共に決めるということをしなければなりません。また、問題によっては、親だけで決めるのではなく、子どもを交えた家族の話し合いで決めるということが必要です。このような経験が、将来、子どもたちが家庭を持った時に大きく活きてくるものです。家庭は、誰はばかることなく本音で話し合える場です。親族会議という言葉は昔からありましたが、親族会議に比べ家族会議は、まだマイナーではないでしょうか。もう今から一〇年以上前のことになりますが、一九九四年は「国際家族年」でした。この「国際家族年」のモットーが、「家族からはじまる小さなデモクラシー」というものでした。この時に国連が作成した冊子で、『一九九四　国際家族年』というものがあります（これは、インターネットでも全文入手することができます）。この中に、「青年の社会化における家族の役割」という章があります。少々、長くなりますが、参考となりますので引用してみましょう。

「家族こそ基本的な教育機関であり、人生の基礎的見習期間を提供する。」「〝学習は生まれたときから始まる〟は明白な概念である。誕生から六歳までの期間は、知性、人格および社会的行動の形成においてきわめて重要であることが確認されている。子どもの自己理解と自尊心が確立されるのも家族においてであり、人生の初期に生じる学習は、後の生涯を通じての学習を高めるか、または障害となるであろう。」

冒頭の「家族こそ基本的な教育機関であり」という部分は非常に重いものがあります。さらに、そのありようが、「後の生涯を通じての学習を高めるか、または障害となる」ということ、とりわけ「または障害となる」という部分は、心して読まねばなりません。家族の持つ機能は、もっともっと重要視されるべきものです。

４　学校や地域への期待

次に、学校や地域への期待です。学校には、親子で参加したり、参画できる行事をたくさん催してほしいと考えました。参画という言葉も、最近、よく使われていますが、参画という言葉は出来上がったものにお客さんとして参加するのではなく、企画の段階から運営や評価に至る段階まで参加することを意味しています。参画を実現しようとすると確かに手間がかかるもので、そうでなくても忙しい学校を、さらに忙しいものとしてしまうという反論もあるかも知れませんが、「急がば回れ」という言葉もあるように、真の学力というものもこのような取組みから生まれるはずです。

このほか、最近では、ずいぶんと取り組まれてはいますが、開かれた学校づくりをぜひ、今後も進めてほしいと考えます。また、その際には、地域にある宝を学校に取り入れるだけでなく、学校にある宝を地域に還元すること、つまり、社会に貢献する学校にすることが必要です。この点が、これまで十分ではなかったようです。なによりも教師自身が地域に目を向けるとともに、地域との協働がもたらす宝の大きさを知ってほしいものです。また、教師の悩みを解決できる鍵が地域にある場合が多いということも知ってほしいと思います。

地域には、現在行われている行事の企画や運営に、子どもたちの出番を多く作ることが期待されます。中間報告では、総合型地域スポーツクラブ（練馬区ではSSCと呼んでいます）をスポーツや文化活動の拠点とすること、図書館を地域の人的交流の拠点とすること、町会や自治会をボランティア活動の拠点とすること、また、子どもたちの学習拠点として「子どもステーション」をつくることなどを提案しました。この「子どもステーション」というのは、地域の子どもたちが、時間のある時に、気楽に立ち寄れ、勉強だけでなく、昔話を聞いたり、リコーダーの吹き方やミシンの使い方、自転車の乗り方などを地域のおとなたちに教えてもらうことができるような、現代版の寺子屋のような場所のことです。さらに、このような「子どもステーション」同士のネットワークも考え、「宝島ネット」という名前も考えてみました。とても、よいアイディアだと思っています。

5　家庭・学校・地域が協働すれば宝島になる

地域の中にはさまざまな学びの場があります。なかでも図書館や学校の開放図書館などは知育の場でしょうし、体育館や運動場、プールなどは体育の場、町会や自治会などが主催する地域活動などは、徳育の場としての性格が強いと言えるでしょう。しかし、当たり前のことですが、知育、徳育、体育は、それぞれの子ども中でバランスよく実現されることが必要です。このような場としては、なにより学校という教育の場があるわけですが、地域の中でも、これら三機能を統合するようなものは、何か考えられないでしょうか。このような発想から、協議会で考えたものが、地域全体に呼びかけて実施する体験型事業でした。一人の協議会委員さんは、機会があるたびに、少年時代にふるさとの町で行われたマラソン大会に参加した折の感激を語ってくれました。町中総出で、声援を送ったり、水を用意し、そうした人々の中を、少年たちはひた走ったそうです。また、同じような催しは練馬区の中学校でも行われていたことがわかりました。そこで、協議会でも、このような事業例として、「ねりま宝島サンライズウォーク」、「活きいき、ワクワク、ふるさと　ドミノ祭」を提案しました。このうち、「活きいき、ワクワク、ふるさと　ドミノ祭」については、本書でも後章で紹介しています。

6　子どもたちの「要《い》場所づくり」を

宝島の中で、子どもたちのための体験活動がたくさん実施されることは、もちろん望ましいことですが、子どもたちが単なる参加者であってはいけないことは再三述べた通りです。子どもは、地域行事のお客様ではなく、おとなとともに働く行事の担い手でもあるべきです。宝島の中には、子どもたちが一定の役割を持ち、その役割を果たすことによって他の子どもたちやおとなたちからもかけがえのない存在として、感謝され、必要とされるような場（「要《い》場所」）こそなければなりません。必要の「要」の文字を「い」と読み「要《い》場所」としたのは、「子どもたちが、かけがえのない存在として地域社会の中で活かされ、感謝され、必要とされる場所」こそが今、地域の中に求められているという協議会の問題意識を表しています。

また、私たちは、いわゆる、能力や特技がある子どもだけでなく、「要《い》場所」はだれにでもあるという考えに立っています。この考え方は、非常に重要なことなので、少し述べておきます。なんらかの役に立つことももちろん「要る」ことですが、たとえ、なんら目立つ働きをすることができない子どもたちであっても、その子を必要としている人がかならずいるということです。生きとし生けるもの、みな有用という考え方と言ってもよいでしょう。大切なことは、そのことが、当の子どもに伝えられるということです。「あなたがいるおかげで、とても助かっています」というメッセージが子どもたちに伝わらねばならないのです。この一語が、子どもたちの中に、「生きる励み」を生むものなのです。

7　行政とは柔らかで長続きのする協働を

地域の中に宝島が数多く生まれ、息の長い活動がさまざまに取り組まれることが望まれますが、このためには、地域も行政との間で、柔らかで長続きのする協働関係を持ち続けることが必要です。柔らかなということは、したたかなという意味でもあります。行政は、時々の社会状況に応じて、その施策の重点を変えざるを得ません。しかし、そのような行政に対して、地域の想いは、ずっと安定的、継続的である場合がしばしばです。このような地域が、行政との関係を保ち続けるためには、ある時は、柔らかく、またある時は、したたかに対応する必要があります。

とは言え、行政には行政としてできることを、きちんと果たしてもらわねばなりません。中間報告の中では、青少年委員制度や体育指導委員制度などの現在あるシステムを十分に活用すること、どこでどのような地域活動が行われているかの情報提供を行うこと、宝島同士をコーディネートすること、子どもたちが社会貢献できるような能力を育成する機会を設けること、リーダーの養成や活用を行うこと、開かれた学校づくりを一層充実することの六つをあげておきました。

❹ 「要場《い》所づくり」のためのポイント

平成一五年度は、中間報告に留めたことは、先に述べた通りです。このようにして始まった平成一六年度は、いよいよ最終の答申づくりとなりました。答申づくりは、中間報告で提案したことを検証するモデル事業を実施し、その検証結果に基づいて行うことになりました。こうしてできた答申が『未来へ！　ふるさとねりま～共に育つ「要場《い》所づくり」のすすめ～』です。

1　子どもたちは求められることによって輝く

中間報告の内容を検証する目的で実施したのは、「小学生から高齢者まで異世代間交流ドミノ大会」、「音楽・文化・スポーツを通した異世代間交流」、「読み聞かせの会」の三つのモデル事業です。「読み聞かせの会」以外は、少々長すぎるテーマで、舌を噛みそうですが、これはモデル事業であるということを表したかったために事務局が入れたようです。ここからは、「ドミノ大会」、「遊びの空間」、「読み聞かせ」という言葉で説明を進めたいと思います。

まず、「ドミノ大会」ですが、文字通りドミノ倒しを体育館の中で行うものです。体育館の中に区切られた小さな坪地の中に、学年の異なる子どもたち、親子、児童や生徒と先生、地域のおとなと子どものチームなど、学校の友だち同士とは違う異年齢・異世代の人々でつくったチームで、それぞれ思い思いの絵柄をつくり、それを一筆書きのように結びつけ、最後に、一気にざぁーっと倒すというものです。いたって単純な活動ですが、これが、異世代間交流、異年齢間交流の地域活動として、非常に有効であることがわかりました。「たかがドミノ、されどドミノ」なのです。

次の「遊びの空間」ですが、これは、音楽・文化・スポーツの活動が一カ所でできるような空間を提供するものです。事業のサブタイトルも「音楽・スポーツ・工作、すべてをそろえた遊びの空間」でした。この空間は、地域で活動している体育指導委員、総合型地域スポーツクラブ（練馬区ではSSCと呼んでいます）の関係者、児童館や学童クラブの職員、大学院生などが毎回、ボランティアで参加し、子どもたちの指導にかかわってくださいました。

「読み聞かせ」は、区立中学校の演劇部の生徒が、児童館で、本の読み聞かせを継続的に実施した活動です。まさに、異年齢交流事業です。演劇部の生徒だけあり、その出来映えは、図書館員を凌ぐほどのものでした。

これらのモデル事業から明らかになったのは、子どもたちは期待され、求められることによって、すばらしい力を発揮するということです。今まで私たちおとなは、子どもたちに求めることを遠慮しすぎていたのではないでしょうか。求められることによって、子どもたちは、「生きる励み」を感じるはずです。そして、この「生きる励み」が子どもたちを輝かせるのです。しかし、これは新しい発見でもなんでもなく、私たちおとなが日々の生活の中で経験していることと何も変わりはないのです。おとなも子どもも同じなのです。

2　子どもたちには「生きる力」だけでなく「生きる励み」が必要

中央教育審議会が平成八年七月に、『二一世紀を展望した我が国の教育の在り方について』という答申を発表し、この中で、これから求められる資質や能力は、変化の激しい社会を「生きる力」だということを述べました。また、「生きる力」と同時に言われたのが、現在、反対だ、いや推進だと、反対派・推進派の双方で論議されている「ゆとり」というものです。「ゆとり」については、双方の意見があるところですが、「生きる力」が必要なことはだれでも認めているようです。

しかし、協議会では、この「生きる力」についてもこだわってみました。私たちは、ふだん、「生きる力」という言葉をどのように使っているでしょうか。文字通り、生きるための能力という意味で使う場合もありますが、「頼りにされているということがわかり、《生きる力》が生まれました」とか、「この子がいることが《生きる力》になっています」などの言い方も、よくされます。ここでの《生きる力》は、中央教育審議会答申で言う「生きる力」とは少し違っています。「生きる力」というより、むしろ、「生きがい」とか「生きる励み」という言葉に近いものです。そして、子どもたちにとっても、いわゆる「生きる力」に加えて、この「生きがい」とか「生きる励み」が、重要な意味を持っているはずです。

私は、大学で教育学を教えていますが、学生に勧める本の一つに神谷美恵子さんの『生きがいについて』があります。初版は一九六六（昭和四一）年ですから、もう四〇年近く前の作品になってしまいましたが、「生きがい」について考える際の必読書だと思っています。神谷さんは、この中で、「わざわざ研究などしなくても、はじめからいえることは、人間がいきいきと生きていくために、いきがいほど必要なものはない、という事実である」と述べています。しかし、「生きがい」というと、何となく、おとなのもの、高齢者のものという印象があるので、答申文では、「生きる励み」という言葉を使用することにしました。そして、私たちが主張する「要《い》場所」は、子どもたちに「生きる励み」を感じさせるために非常に有効な場になるはずだと考えました。「生きる励み」と「生きる力」が両輪のようになって、子どもたちの中に未来を拓く力を生むはずです。

神谷さんは、「生きがい」となりうるものを七つに分類していますので、紹介してみます。遊びや趣味的活動などの〈生存充足感への欲求をみたすもの〉、学問や旅行などの〈変化と成長への欲求をみたすもの〉、生活目標、夢、野心などの〈未来性への欲求をみたすもの〉、他人から尊敬を受けることなどの〈反響への欲求をみたすもの〉のほか、〈自由への欲求をみたすもの〉、〈自己実現への欲求をみたすもの〉という六つに加えて七つめのものとして〈意味への欲求をみたすもの〉をあげ、自分の存在意義の感じられるようなあらゆる仕事や使命がこれに属するとしています。私たちが考える「生きる励み」は、この〈意味への欲求をみたすもの〉に一番近いかもしれません。

3　必要なことは、子どもたちに「働きかけること」と「認めること」

人間だれしも、他の人から期待され、あてにされることに励みを感じるものです。また、その期待に多少でも、応えることができれば、さらに励みを感じるものです。「要《い》場所づくり」は、まず、おとなから子どもたちに対して、何かを期待したり、働きかけることから始まります。おとなからの期待に対して、子どもたちは必ずなんらかの「応え」を示してくれるはずです。子どもたちから「応え」が戻ってきたら、ここで、また、おとなの出番になります。この「応え」を十分に認めることです。自分たちの「応え」をおとなから認めてもらうことによって、子どもたちは自分たち自身に対する有用感、存在感を感じるはずです。さらに、喜ばれたり、感謝されたり、認められたりするという体験は、次の働きかけにも快く「応え」ようとする力となるはずです。

4 響きあう「要場《い》所づくり」

「要場《い》所づくり」は、おとなから子どもに向けて「働きかけること」から始まりますが、子どもからおとなに向けての働きかけも、当然、あるはずです。この子どもからの働きかけには、今度は、おとなが、しっかりと応えなければなりません。こうした結果として、子どももおとなも、お互いに働きかけあい、応えあい、認めあうということができればすばらしいことです。

さらに言えば、このような関係を保ちつつ、単に、お互いのためだけでなく、手助けを必要とする第三者のために、活動できれば、これ以上のものはありません。子どもとおとなが協力しあって、ほかの誰かのためにボランティア活動を行うなどが、このような形のものといえるでしょう。答申では、この段階を響きあいの段階と表現してみました。「要場《い》所づくり」の究極の姿が、響きあう「要場《い》所づくり」だといえます。

5 イバショヅクリノススメ

答申では、これまで述べてきたような「要場《い》所づくり」を進めようとするときのポイントを提案しました。少し工夫をこらして、この一〇のポイントの頭文字を続けて読むと、イ、バ、ショ、ヅ、ク、リ、ノ、ス、ス、メとなるようにもしてみました。このポイントは、先に紹介した三つのモデル事業の成果から作成したものです。一〇のポイントの順番は、「要場《い》所づくりのすすめ」となるように変えたり、言葉を倒置するなどはしてありますが、このポイントは、きわめて実証的に導いたものと自負しています。各ポイントの解説は、点線で囲んだ枠の中をお読みいただければ、納得していただけるものと思います。「要場《い》所づくり」を進めようとするときに、イバショヅクリノススメと口ずさみながら、このポイントをぜひご活用いただきたいと思います。

イ　異年齢や異世代間で交流できる活動を

地域では、さまざまな年齢層の人々が生活しています。それゆえ、地域での活動では、家庭や学校での活動に比べ、異年齢の子どもたち同士や異世代間の交流が図りやすいものです。地域における要《い》場所づくりに当たっては、この特徴を活かした活動にぜひ取り組みたいものです。「高齢者は知恵を出し、若者が力を出す」、「高学年の子どもたちが、低学年の子どもたちの面倒をみる」など、みんながみんなを支えあい、未来に向かって育ちあう場、それが要《い》場所です。

バ　場所だけでなく機会の提供も

子どもたちのための活動の場所を用意するだけでは要《い》場所づくりとは言えません。場所とともに重要なのは、活動の機会です。子どもたちは、居る場所の提供を受けるだけでは、「生きる励み」を感じることはできません。子どもたちが「生きる励み」を持つためには、子どもたちの出番を作ることが必要です。現在ある居場所についても、発達の主体である子どもたちの意見を活かしながら、このような方向へ向けての改善を加えることが求められます。

ショ　情報発信や情報交換を

せっかくの活動ですから、その意義を広めるためにも、外や内に向かっての情報発信が必要です。今年度のモデル事業でも、新聞を発行し続けた例がありましたが、参加する子どもたちやスタッフ同士の気持ちをまとめる媒体として、また、保護者や地域の方々への情報伝達手段として極めて有効でした。このほか、自分たちの活動の質を向上させるためには、他の要《い》場所の様子も知る必要があります。このような切磋琢磨を実現させる条件となるのも、情報発信や情報交換です。

ヅ　創りあげる達成感を

子どもたちには、共同作業を通じて何かを創りあげる達成感をぜひ味わってほしいものです。一つのものを、それにかかわるみんなの想いや力によって創りあげる体験は、感動的であるとともに、自信や自負の念を育てるものであり、「生きる力」にもつながっていくものです。創りあげるためには、多少の失敗も伴うものですが、おとなには、子どもたちの試行錯誤を待つゆとりと包容力を持つことが望まれます。

ク　工夫のための振り返りを

子どもたちにとっては、自分たちが行った活動の振り返りを自分たち自身で行うことが大切な学びとなります。活動を進めていく時には、様々な困難にもぶつかるものですが、そのような時こそ、子どもたちが困難を克服する力を身に付けるチャンスでもあります。おとなには、子どもたち自身による振り返りを尊重し、自分たち自身の力で困難を克服していく工夫の歩みを温かく見守ることが求められます。

リ　理想や夢に向かって

子どもたちには、常に理想や夢に向かって歩んでほしいものです。要《い》場所では、様々な活動が行われますが、どのような活動にせよ、一つ一つの活動を精一杯行うことが、理想や夢の実現につながっているということを、おとなが子どもたちに根気よく伝えることが大切です。また、おとなたち自身が、いつも理想や夢を持ち続けながら、子どもたちと接することがとりわけ重要です。このようなおとなの姿は子どもたちを知らず知らずに、理想や夢に向かって励ますことになるでしょう。

ノ

能力や個性に応じた役割を

要《い》場所では、子どもたち一人ひとりが、その能力や個性に応じた役割を担い、その役割を果たすことによって、「生きる励み」を感じることができるものです。また、子どもたちの能力や個性は、常に、成長や発達の可能性を秘めたものであり、おとなには、この可能性を信じ、子どもたちに期待し、働きかけ続けることが求められます。

ス

進めよう！　子どもたち自身の力で

要《い》場所では、子どもたちにできることは可能な限り、子どもたち自身に任せるようにします。活動に必要なものも、自分たちの頭や体を働かせることで、手に入れることが望まれます。おとなは、子どもたちと一緒に活動しながらも、ここはおとなの出番だという時には、ためらわずに、その役割を果たさねばなりません。子どもたちは、そうした姿を通して、おとならしい行動についても学んでいくでしょう。

ス

スタートは「働きかけること」と「認めること」から

要《い》場所づくりのスタートは、子どもたちに対する働きかけから始まります。まずは、おとなが、子どもたちの力を信じ、子どもたちに何かを求めてみることです。また、その求めに応じて示された子どもたちの努力の結果をきちんと認めることが必要です。だれかの役に立ったという認識や感謝された経験が、子どもたちの心の中に、「生きる励み」や「感謝する気持ち」をはぐくむものだからです。

メ

綿密な配慮と連携を

要《い》場所での活動は、地域の体育指導委員や青少年委員などの各種委員、総合型地域スポーツクラブ（SSC）関係者、施設職員や学校関係者、町会関係者、大学生などの幅広い人々によるきめ細かい配慮と連携によって、より豊かなものとなります。現在も、地域のこのような人々によって、様々な活動が行われていますが、これらの人々が手を携えることによって、一層の効果が期待されます。都会生活の中で、ともすれば結びつきを持ちにくいおとな同士も、このような活動を通じて、子どもたちの健やかな成長と発達を共に見守る新しいきずなを持つことができるのです。

黒澤　英典

（本章の執筆にあたっては練馬区教育委員会の大小治社会教育主事のご協力を得ました。ここに謝意を表します。）

参考　天城　勲　監訳『学習―秘められた宝』（ユネスコ「21世紀教育国際委員会」報告書）ぎょうせい、一九九七年
神谷美恵子『生きがいについて』みすず書房、一九六六年

第2章　子どもと共に輝く家庭づくりを

❶ 響きのある家庭づくりを！――心地よい「要場所《いばしょ》」にするために

わが家の三人の子どもたちが成人式を済ませ、大人の仲間入りを果たした頃、練馬区の協議会から声がかかり、地域社会における子どもたちの「要場所づくり」について考える機会がありました。そこでは、単に机上の議論だけでなく、練馬区の子どもたちと直に触れあう体験を通して、地域社会における体験活動の推進や子どもたちに居場所を提供していくことの大切さについて深く考えさせられました。

これまで父親役として長い間子どもたちと過ごしてきましたが、自分自身が父親であることを認識し、どのような家庭をつくり、子どもたちを育てていくのかと考え、やってきた道筋をたどりながら、豊かな響きに包まれた家庭づくりについて話しを進めたいと思います。

1　父親は??

私自身、結婚を意識した頃には、子育てのことよりもこの人と結婚したいと思うだけで、この人が私の子どもを産み家庭を守っていくのかな?くらいにしか、考えていなかったのではないかと思います。そして子どもが産まれ、わが子の愛おしさを知り、一緒に遊んだり生活を共にしながらも、毎日の仕事や生活に追われ「家族や子育て」について考える時間的なゆとりもなく過ごしてきたような気がします。子どもたちをどのように育て、どんな家庭をつくっていくのかということを初めて夫婦で話しあったのは、たしか、子どもたちが小学校に入学した後だったのではないでしょうか。

夏休みに子どもたちと軽井沢へ旅行に行った時、午前中は学習の時間と決めて、無理やり子どもたちを勉強させていました。兄の方が算数が弱いということで、強制的に特訓をしていたら、子どもが泣き出す始末。それでもしばらくの間、泣きながらも特訓を続けましたが、無理強いをして勉強をさせても効果がないばかりか、もっと大切なものを失うのではないかと気づかされました。そしてこの経験が、わが家でこれから子どもをどのように育てていくのか？について、夫婦で話しあう契機となりました。そこでわれわれは、「学力よりも生きる力を、そしてヒトの優しさが分かる子に育てよう」と決め、初めてわが家に子育てに関するポリシーが生まれたのです。

母親は子どもを出産する以前から、母親としての心構えや子育てについて、はっきりとした考えやプランを持っている方が多いようですが、父親はどうでしょうか？　母親と同じくらい高い自覚や認識を持って、子育てに入る方はかなり少数派にはいるのではないでしょうか。また母親は育児相談や同じ年代の子どもを持つ近隣の方々と、子育てに関する意見交換なども可能ですが、父親は相談する場所も相手もいない状況の中で奮闘していかなければなりません。

林道義氏は父親像について、その著書『立派な父親になる』の中で、父親の役目として大切なことは、「ただ家族を守り食料を確保するという、目に見える役目だけではない。じつは目に見えないが、もっと大切な役目がある。それは子どもを大人にするという役割である。……人類は大人としての能力を生まれながらに持っていないという宿命に置かれている。つまり人間は大人になるためには、一定の訓練を必要としている生物なのである」と述べられています。このような父親の子育てにおける役割やその使命を自覚し、子どもたちと交わり育てていらっしゃる父親は素晴らしいと思います。しかし、一般的な父親は、子育てにおける特別な自覚もなく、自分が見てきた父親の後姿をそのまま真似て父親役を演じている方が大多数でしょう。また多くの動物たちの例にあるように、子育てや家庭の運営は母親任せで、家庭や子育てから逃避してしまっている父親も見かけられるのではないでしょうか。

家庭教育に関しては、その包含する領域が多岐にわたり課題が大きすぎるために、ここでは、家庭が子どもたちの「要場所」としてうまく機能していくためには何が必要なのか？　また今ある家庭の現状をどのようにして知り、対策を講じていくのかを、家庭における響きづくりの観点から探ってみたいと思います。

2　家庭の響き！

先日テレビで、アメリカの家庭生活調査の一部が報道されていました。「一家団欒で食事を摂る習慣のある家庭の子どもたちは、比較的学業成績も良く、生活態度も良好である」と述べられていました。そう言えば、二、三〇年前には幸せな家庭の日常を描いたホームドラマがラジオやテレビで数多く放映されていたような記憶があります。

そのような幸せな家庭を描いたホームドラマやコメディでは、一家団欒での楽しい食事風景を中心に物語が展開されていたような気がします。そこでは家族が、視覚や聴覚、さらには味覚や触覚、臭覚などの五感をフルに活用して家族相互に意思の疎通を図り、家庭としてまとまりのある独特な雰囲気をつくりだしていたような気がします。そのように自由でゆとりある雰囲気の中で、思い思いに自分の最近の出来事や考えを披露し、皆がチャチャを入れながら笑いが巻き起こる。そこに家族というものの温かさや身近な出来事に喜びや幸せを感じる庶民の感覚がにじみでていたのではないでしょうか。このような家庭では、家族がそれぞれに家庭での仕事を分担し協力しながら家庭を運営していく。そして相手に感謝し思いやる何げない会話を通してお互いの心が響き合う。

それらが家庭を生き生きとした優しい響きで包みこむみなもととなっていたのではないでしょうか。

しかし、最近ではこのような一家団欒の風景を描きずらくなったのか、ホームドラマが放映される機会が減少したような気がします。これは核家族化や両親の仕事の関係、さらには、子どもたちの成長につれ、家族が食事のために同じ時間帯を共有することが難しくなり、それぞれが個としての生活時間に追われ、家庭の中で家族が集団生活を営んでいくことを名目上のことにしてしまっているからでしょう。このような社会環境の変化の中で、どうしたら家庭を子どもたちの「要場所」として機能させることができるのでしょうか。それは家庭の中で、お互いが相手をいたわり尊重するような会話を心がけ、心安まるような響きを家族で共有することによって、家庭が心癒される場所に変化していくのではないかと思います。

3　視覚優先の社会！

ヒトの祖先である哺乳類は、恐竜の全盛期には、身を守り生き延びるために夜間を中心に行動しており、その時代には、聴覚と嗅覚が非常に発達したといわれています。しかし、その後霊長類への進化の過程で、サルの仲間たちが昼行性の行動をとり、木の上で生活するようになったことによって、ヒトを含む霊長類の視覚が高度に発達したことが知られています。

そして時代は移り、われわれを取り巻く環境にも大きな変化が訪れています。交通機関や先進科学技術の発達によって、国際化や情報技術の革命的な進歩が促進され、ラジオからテレビへ、そしてインターネットやメールへと五感の中でも視覚に依存する割合が徐々にではありますが、確実に強くなってきています。携帯電話の普及によってたしかに聴覚が使われているようにも思えますが、そこでは感情の伝達というよりも情報の手軽な伝達手段という意味合いの方が大きいように思われます。

情報や知識の伝達には視覚が大切な役割を果たしますが、視覚だけでは人の温もりを感じたり、相手の心に触れるような感情の伝達を行うことは難しいでしょう。特におとな社会では、儀礼的な会話やマニュアル化された会話が横行し、言葉の響きに自分の思いや感情をのせて話すことを忘れてしまっています。したがって会話から心の温もりを感じる機会が徐々に少なくなってきているのではないでしょうか。それを家庭に持ち込み、おとなからの事務的で命令口調の一方的な話だけでは、子どもたちの情緒的な発達も阻害されてしまいますし、子どもたちが家庭で自分の思いや考えを話す機会を奪ってしまいます。それを続けると、じょじょに家庭から温かな響きが消滅し、家庭が子どもたちの要場所として機能することが難しくなってくるでしょう。このように現代社会では、視覚優先で聴覚による心の交流という側面が軽視される状況にあるために、子どもたちにとって家庭が心癒される場所として機能しない例が増えてきています。このような状況下で、子どもたちは優しい言葉かけを欲し、褒めてくれたり、本気になって叱ってくれるおとなの存在を求めているのではないでしょうか。

このような社会の変革の中で、われわれが人々との感情の伝達を密にして相互に尊重した社会を構築するためには、どのようにすればよいのでしょうか？　それにはまず家庭や地域社会の人々との交流の中で、視覚のみに頼らず聴覚によるヒトとの交流を促進していくことだと思います。さらに触覚など、他の感覚器官を含めた五感を使って他人と触れあい、共同して何かをつくりあげていくという体験を積み上げていくことが大切なのではないでしょうか。ここに地域における体験学習を推進していく意義の一つが考えられるでしょう。社会生活の中で五感を磨くことによって、多くの視点から物事を見つめ深く考える習慣が身に付き、物事を総合的に判断できるような力をもてるようになるでしょう。そして自分や他の人々をヒトとして尊重し、物や心に感謝しながら生きるという基本的な生活習慣が身につくのではないかと思います。

4　あなたの家庭の響きは？

では皆さん、今日一日のあなたの家庭の響きについて、静かに目を閉じて振り返ってみましょう。家族とどのような会話や交流を持ちましたか？　最初に朝起きて家族全員に朝の挨拶をしましたか？　どんな響きで挨拶しましたか？　相手からの応答はありましたか？　子どもたちとのスキンシップはありましたか？　そして子どもたちとは、どんな話しをしましたか？　奥さんまたはご主人との会話はありましたか？　そこにあなた自身が心温まる響きがありましたか？　またあなた自身が相手をいたわり、勇気づけるような響きで接しましたか？　まったく会話がなかったり、事務的な話しだけの家庭は最悪です。早速、応急処置が必要です。

5　音楽から学ぶ家庭の響き！

家庭の現状を音（響き）で知るために響きの基本について考えてみましょう。最初に、話し言葉の響きと感情表現との関連を理解するために、われわれがどのように話し言葉を響かせているかを考えてみましょう！

われわれは日常生活の中で言葉を使って、意思や感情の伝達を行っていますが、相手は言葉そのものの持つ意味によって、私たちの意思や感情を理解しているのでしょうか？

皆さんは、プレゼントをもらった時、自分の喜びや感謝の気持ちを伝えるために、もらった相手に「嬉しい！有難う！」と言いますね。では、そのプレゼントがすごく欲しい物であった時と欲しくない物の時、自然と言い方（言葉の響き）に変化が生じてくるのではないでしょうか？

①　**では鏡を見ながら練習してみましょう！**

＊すごく欲しかった物をプレゼントされたと仮定して、「嬉しい、有難う」と言ってみましょう。鏡の中に嬉しそうなあなたの笑顔がありますか？　その時、言葉を上下どちらの方向に響かせましたか？　四十五度上方に響かせているのではないですか？　上方に響かせることによって、顔の表情も明るく変化してくるのではないですか？

＊次に欲しくない物をプレゼントされた時、無理して「嬉しい、有難う」と言ってみましょう。顔を下に向け、言葉を無意識の内に四十五度下方に響かせたのではないですか？　そうすると、身体全体から暗い表情が醸し出されたのではないで

しょうか？

たとえば「嬉しい、有難う」という、喜びと感謝を表す言葉であっても、その言葉の響かせ方によって、相手に伝わる感情が大きく変化することがわかると思います。言葉を上に響かせると感謝や喜びが相手に伝わりますが、反対に下方に響かせると言葉が本来持っている意味とは異なり、「嬉しくない・欲しくない」という気持ちが伝わってしまいます。

このように、話声での情緒表現とそれを聴取する側の感情認知は、使用される言語がもつ本来の意味よりも、その言語がどのような響きや視覚的な特徴をもって伝えられるかによって、話し手の感情を認識するのではないかと考えられます。話し手が話声の響きを変化させることによって視覚的な変化（身振り言語）が生まれ、聞き手は話し手から出る聴覚的情報と視覚的な情報によって、相手の感情表現を総合的に捉え、話し手の感情やその折の状況を理解するのではないでしょうか。

＜言葉　＋　響き　＋　身振り言語＞→　情緒表現　⇕　感情認知

ヒトは自己の感情を表出する際に、意識下または無意識下に言葉の響かせ方を変化させています。このようなヒトの情緒表現方法には、ある一定の共通性や規則性がみられ、人種や言語の違いを超えて存在するものと考えられます。ここではわかりやすくするために情緒を簡略化し、「明るい音」と「暗い音」という響きによって表される情緒と響きの方向性との関連について考えてみましょう。

明るい音　→　嬉しい、楽しい、素晴らしい、など
暗い音　→　哀しい、寂しい、苦しい、など

② 響きと情緒との関係

明るい情緒を表す時　↓　上方に響かせると情感が伝わりやすい
暗い情緒を表す時　↓　下方に　〃
命令や強い主張を表す時　↓　前方に直線的に響かせている

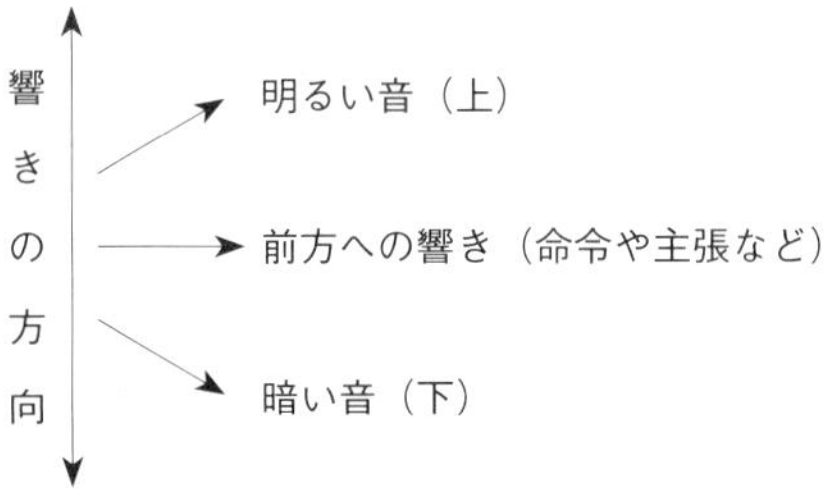

右記の図のように、明るい情緒を表す言葉は上方に響かせることによって、顔の表情や身振り言語も明るく変化し、聴覚情報と視覚情報が一体化し明るい情緒表現が生まれてきます。

もし明るい情緒を表す言葉「楽しい」を下方に響かせてしまうと、視覚情報と聴覚情報に不一致が生じ、発声者自身、自分が表出している感情に違和感を覚え、表出している感情に疑念が生じてきます。他方聞き手は視覚情報が優先しますので、「楽しさ」よりも「楽しくない」という感情を強く認識します。したがって話をする際には、言葉を響かせる方向を意識して話すことが、より簡単にまた有効に自分の感情を相手に伝える術となります。さらに自分の意思を相手に強制したり、命令口調の時は、言葉を直線的に前方に響かせています。このような音に対して、われわれは心を閉じる習性があります。したがってこのような音を子どもたちに聞かせ続けると、心を開くことに困難を生じるようになってしまいます。

③　感情と音質の関係

では次に音質について考えてみましょう。単純に音質を柔らかい音と固い音に分けて考えてみると、表現したい感情が強くなるに従って、音質が柔らかい音から固く強い音に変化していくことが分かると思います。

では「嬉しい」という言葉で練習してみましょう。少しだけ嬉しい場合、とっても嬉しい場合、最高に嬉しい場合……感情の強さによって音質が段々と固くなっていくのではないでしょうか。

音質の使用で気をつけなければならないのは、使う音質によって聞き手に与える印象が変化し相手の心に微妙な変化が表れることです。柔らかい音は相手の心を癒し、自由な感情へと誘います。反対に固い音は感情移入が激しく、相手の関心を惹きつけますが、疲れさせてしまう場合があります。また音質の変化を利用することによって、絵画で用いられるような遠近感や時間的な経過を音で表現することも可能になります。

柔らかい音・・・・・・ → 固い音

（感情の強さを表す・・・→）

遠景 ← —（時間的な経過を表す）— 近景 ←

聴き手は、明るい音と柔らかい音に対して、肯定的な反応を示します。しかし実際の会話においては、明るい音の表現の中に、暗い音を適宜混ぜながら話すことが必要になります。

このように日常会話では、使われる言葉も大切ですが、それ以上に言葉をどのように響かせて感情伝達を行うかが、最も重要なものとなります。したがって家族との会話においても、言葉の響かせ方を常に意識し大切にしながら話していくことが、温かな響きに満ちた家庭創りには欠かせない要素となります。

6　子どもたちは響きに敏感！

子どもたちは、お母さんのお腹の中にいる時から、さまざまな響きに接してきています。だから言葉の響きに関しては、とっても敏感です。彼らは視覚だけで相手を判断しようとはしません。すべての感覚器官を働かせながら、相手を窺い、その本質を見抜くんです。

したがって、使用される言葉よりも、その言葉をどのように響かせて表現しているかに注目しています。優しく明るい響きには、子どもたちは素直に反応します。そして心穏やかな表情を浮かべます。

反対に直線的で怒りに満ちた声には、どのように反応してよいかとまどい、心を閉ざす傾向があります。子どもたちはおとなと同様に、優しくて明るい響きが大好きです。そして、そのような音で満たされた家庭で生活する子どもたちは、とても幸せです。しかし残念ながら、まったく異なる環境で過ごす子もいます。毎日怒鳴られ直線的な怒りに満ちた響きの中で、心を閉ざしながら生きている子がいます。また家族がバラバラでまったく音のない家庭に育つ子もいます。犬は飼い主に無視されるのが、一番こたえると言われています。同じように、子どもたちも音のない家庭に育つと常に精神的な不安にさらされてしまい、他人との関わりを持つことができなくなってしまいます。家庭での豊かな響きづくりには、ちょっとした努力が必要なだけです。おとなたちの愛情に満ちた優しい声によって、子どもたちは、目を輝かせながらイキイキと生きる術を体得していきます。

7　家庭を心地よい「要場所」にするために！

子どもたちが響きに敏感なことは前述しましたが、家庭を心地良い「要場所」にするためには、子どもたちが大好きな温かく優しい響きで家庭を満たし、子どもたちが出すさまざまな響きを優しく聞いてあげることです。そして素直に子どもたちの大切さを肉声で伝えることです。おとなにとっては、ちょっと恥ずかしいことかもしれませんが、毎日の生活の中で、次のことに気をつけて家庭の響きづくりをしたらいかがでしょう！

・明るく楽しい響きで挨拶しよう
・子どもたちの大切さや愛しさを言葉にしよう
・できるだけ明るく褒めて励まそう
・子どもたちの話しを優しく声をだして聞こう
・一緒に家事や遊びに打ち込もう
・夫婦の会話にも優しい思いやりを（子どもたちが聞いています！）
・子どもを叱る時には、家族会議を開こう（皆で問題点を共有しよう！）
・子どもとのスキンシップを大切に

子どもは親の背中を見て育つといわれています。皆さんが子育てから逃避すれば、お子さんも将来同じ道を辿ります。立派な父親や母親になることよりも、子どもたちが心安らかにのびのびと暮らせるような家庭での響きづくりを考えてみませんか。まずお互いに明るく挨拶することから始めたらいかがでしょう。とにかく温かく優しい声をかけてみることです。ここから家庭での響きづくりの第一歩が始まります。子どもたちは親と一緒に遊んだり、仕事をすることがとても好きです。そして親に愛されていることを実感したいんです。たくさん抱き締めてあげることです。しかし彼らは小学校の低学年までしか親と遊んでくれません。それまでの間、家庭で優しい音に包んであげ、一緒に何かをやることが大切です。子どもたちの話しにも真剣に耳を傾けてあげることです。それに子どもたちは両親の何気ない会話も聞いています。だから夫婦での会話も粗野にならないようにお互いを慈しみあうように気をつけなければなりません。家庭を温かな響きで満たすためには、父親のイニシアティブが不可欠です。父親が率先して優しい言葉かけを続けていくうちに、家庭内の響きが確実に変化してきます。

それぞれのご家庭で「わが家の子育てプラン」をご夫婦で話し合いながらつくったらいかがでしょう。前述の響きと感情表現の関係を参考にしながら、温かな響きに満ちた家庭を創り出してほしいものです。そして家庭がそれぞれの子どもたちを必要とし、また子どもたちが家庭を心癒される場所として求めるような、「要場所」となることを願っています。

谷口　雄資

❷ 子どもたちと共に育つおとなたち

近年、多くのおとなたちは子どもたちの急速な成長に戸惑い、それに対応する力を備えないまま、子どもたちと向き合わなければならない難しい時代になったと思います。

また、子どもたちを取り巻く家庭や社会環境の変化は、子どもたちの生活そのものを複雑にしています。さらに、地域社会の治安が危ぶまれていることも、子どもたちの遊びを制約しています。危惧されるのは、それらの状況が、子どもたちを閉鎖された囲いの中で、パソコンや携帯電話を無造作に使うことや、激しい映像などを無頓着に見ることにつながっているように思えることです。

一九九七年の重苦しい記憶としてよみがえる「神戸連続児童殺傷事件」や、その後の「長崎・佐世保市の事件」から、おとなたちはその犯罪の低年齢化に驚き、さまざまな論議に至ったことは記憶に新しいことと思います。その年は、少年少女の非行・犯罪が、前年より約二倍の増加となったという報告もあります。その当時、おとなたちは、「どうして?」「何がいけないのか?」と、出口の見つからないままでした。今でも答えを探せずにいます。それは、「特別なこと」だったのでしょうか?　子どもを育てる親の立場にある者として、私は「特別なこと」として封印する気持ちになれませんでした。そして、この拙文を書いている最中にも、一見すると普通に見える子どもたちが、自分の家族を死に至らせるという痛ましい事実を知らされました。それは子どもたちの問題ではなく、社会の問題なのかも知れません。社会の歪みがもっとも弱い子どもたちを通して悲しい事態を招いているかのようです。こうしたことの原因を、子どもたちの世界に入り込んだ激しい映像文化や、インターネット・携帯電話などによるコミュニケーションのあり方に問題があるという人がいます。しかし、それらのことだけが子どもたちの非行・犯罪の決定的な要因とは思えません。

子どもたちを取り巻く、「家庭」、「学校」、「地域」のおとなたちは、問題が起きるたびに、それぞれが心痛め、悩み、解決の糸口を見つけようと模索します。しかし、その答えが見つけられないのです。どのように子どもと接してきたのかを、いきなり問われているようです。普通に接してきたつもりになっていても、突如として起きるこうした非行・犯罪は、おとなたちの心を乱し、動揺させます。

それは、非行歴のない「普通の子」といわれる少年少女が突然引き起こす犯罪の「いきなり型」は、全犯罪の約半数にあたると警視庁の捜査で報告されたことからも明らかでしょう。でも、そのように言われる子どもたちが、本当に突然それらのことを起こしているのでしょうか?　子どもをもつ親である私には、不思議でならないのです。無垢に生まれた子どもたちが、おとなたちの知らない間に、もしくは理解しようとしない間に、突如として言葉や肉体の暴力に走ってしまうことがあるのでしょうか。おとなたちは、一体どうしたら良いのか?　考えさせられます。おとなたちには、なにが求められているのでしょうか?

よく「子は親の鏡」といわれます、「子どもたちはおとなたちの鏡」なのですから、子どもたちに接するおとなたちが、今こそ確かな理念をもち毅然とした生き方が求められています。私はその生き方の根底にあるのは「畏敬の念」ではないかと考えます。事件を起こした子どもたちを育てた私たち親の世代は、平和なそして豊かな時代に育ちました。急激に成長した世代です。大部分の人たちが、生死を分かつような経験や、貧しさの中で必死に働くような経験はしていません。また自分の力ではどうしようもできないような不条理を経験することもなかったでしょう。また大自然の見えない力の恐怖にさらされるような生活もしていないでしょう。かつての人たちが自然と考えさせられた畏敬の念が、３Ｋの理念、「感謝」・「敬意」・「心遣い」という行動をつくり出すのだと感じています。日常の生活の中で、親たちが手本として子どもたちに示し、子どもたちがそれらを自然に身につけられるようになれば、こうした理解に苦しむ事実も少なくなるのではないかと考えます。

1　感謝

「感謝」、つまり「ありがとうの気持ち」を忘れずに行動することです。人はひとりでは生きていけません。「人間」という言葉が表わしているように、人間とは、人と人の間で生きていくものです。必ず人の助けが必要になって生きています。自分の力だけではどうしようもないことがたくさんあります。周りの人と一緒に生きていくために、また円滑なコミュニケーションを図るためのもっとも大切なことが、「感謝」すなわち「ありがとう」と心の底から思うことです。その気持ちや、発する言葉が、人間関係に彩りを添え、支えた側にも、支えられた側にも喜びを与えることができるのです。

ある日、地下鉄の電車内での出来事です。杖を持って歩いていた老婦人が乗ってきました、私は少し離れたところに座っていたのですが、席をお譲りしようと思ったときに、私の前に座っていた数人の高校生たちのひとりが、さっと立ち上り席を譲りました。老婦人にどうぞと言うと、老婦人は「ありがとう、疲れているのに…」と微笑みながら仰られたその言葉に、相手に対する感謝の深さと、思いやりが感じられました。「疲れているのに…」という相手への思いやりのひとことが、近くにいた人たちに感動を与えました。なにも高齢な方が高校生に対していう言葉でもないでしょう。思わぬこの言葉は、席を譲った本人にも暖かく響いたことでしょう。彼は、席を譲ったことを良かったと思い、その他の友だちに良い手本を示したことにもなりました。まわりにいたすべての人が、すがすがしい気持ちになりました。「いまどきの若い人たちは…」などと無責任に言うおとなたちにも、良い勉強になったひとこまでした。この高校生が、ずっとこうした気持ちでいられることを願ってやみません。おとなたちも「いまどきの若い人は、…」などとは言っている場合ではありません。この老婦人の言葉のように、たとえ相手が年下であっても、「疲れているのに…」という相手を思う気持ちや、ありがたいと思う感謝の心を学ぶべきです。

そして、老婦人から比べればずっと若い自分は、反省とともにその出来事に感動したのです。歳を積み重ねるごとに、人の親切を当たり前のように、人の支えを当然に思ってしまわないように、注意しなければならないと思いました。「社会の宝」である子どもたちを育てるおとなたちが、人のやさしさや支援に対して、心から感謝する気持ちをもって、言葉や行動で表現することをしなければなりません。一方、困った若い人たちがいるのも事実でしょう。しかし、彼らをただ見過ごしてきたおとなたちにも責任はあるのです。まず若い人の思いやりや親切に、素直に感謝の気持ちを伝えていくことが、子どもたちの教育にもなると考えます。

2　敬意

「敬意」をはらうという言葉を、私の子どもが通う学校の講演会で耳にしました。日常あまり使われなくなってきている言葉でしたが、その響きの新鮮さに心惹かれました。「人を敬う心をもつこと」が今とても大事に思います。人と人が良い関係を築くためには、この気持ちが大切です。国や人種、性別、宗教などを超えて、地位や立場も超えて、あらゆる人たちに対して敬う気持ちをもって接していきたいものです。たとえば家庭においては、親に対する敬意、学校においては、先生に対する敬意は持っているでしょうか？　痛ましい事件を見るたびに、こうした人を敬う気持ちが、どんどんと失われていっているのだと感じます。

いったい敬うという気持ちは、どこで身につくのでしょうか？　まずは親たちが手本を見せ、社会のおとなたちが見本を見せていくことでしか育ちません。子どもたちに人を敬う心が育っていないとすれば、親たちの気持ちや行動に問題があるのです。また社会のおとなたちに問題があるのです。重ねて申し上げますが、「子は親の鏡」です。日常生活の中で両親がお互いを敬い、祖父母を敬う親たちを見て、子どもたちは多くを学びます。さらに人を敬う気持ちは、発展して「人に先を譲る心」にもつながります。また親切や思いやりへともつながっていきます。またこうした手本が見せられる親と子には、たとえ何か大きな問題が訪れたとしても、親子で真剣に問題に取り組み解決していくという「親子の力」、「家庭の力」が生まれてきます。なにも問題のない家庭などありません。だからこそ、起きた問題を解決に導くことができるのは、それまでにつくり上げた親子関係のあり方なのです。親子の関係が十分に構築されていないと、家庭だけでは問題を解決できないものです。

よく見る光景ですが、買い物袋をいっぱい下げてベビーカーを押している人たち、階段や電車の乗り降りで立ち往生している人たちを見かけます。周りの人たちは、もっと普通に手伝ってあげられないものかと思います。また、混雑していると迷惑そうな目で見る人たちさえいます。まずは相手の立場を理解して、自分ができることをしてあげたいものです。人に対する親切や、またすれ違いの時に道や席を先に譲るような行為は、きっと子どもたちが自然におとなたちを見て学んでいくのです。そうした行動や言葉を通して、その奥にある「人を敬う」ということに気づいてほしいと思うのです。

3　心遣い

「心を遣う」ということは、日常の生活の中で、おとなたちが親しい人間関係や一般的な付き合いを維持するときに、「相手のために細かなところまで考えること」だと思います。知り合いとして、相手もその心遣いに感謝を示すことになるでしょう。

しかし、「心遣い」はあらゆる日常の場面で生かすことができます。たとえば、最近、駅などで見られる、バリアフリーをめざして設置されているエレベータを観察していると、いろいろと気づくことがあります。健常者の人も当たり前に使うのですが、自分が乗ってしまえば、あと少しでたどり着く高齢者がいたとしても、自分の都合でドアを閉めてしまうようなことを目にします。ちょっと意地悪な言葉ですが「知らぬ顔」とでも言うのでしょうか。そして残念なことに、一緒に乗っているほかの人たちも、ドアを開けることはしません。全員が「知らぬ顔」です。本来高齢者や身体の不自由な人のためのエレベーターであるのに、こんな使われ方になってしまったのは、大きく間違っています。このエレベーターに子どもたちが乗っていたらどうでしょうか？　どのように感じるでしょうか？　何も感じないでしょうか？　おとなたちの行為を見て、何も気づかず、同じような行為を平然と繰り返すようになってしまうかもしれないのです。子どもたちは、いつでもおとなたちの行為を見て、育っていくのです。「心遣い」は、親しい人たちや付き合いのある人たちだけにするものではなく、日常生活の中で見知らぬ人たちにも向けられる「尊い行為」であると認識するべきです。自分が良い人に思われたいという気持ちから出る「心遣い」は、本当の心を遣うことにならないと知るべきです。

先述の高校生と老婦人のような人との関わり方に学ぶとき、彼らこそ互いに「心遣い」ができていたのだと思います。自分だけが先んじれば良いとか、得をすれば良いとか、今流行の「勝ち組・負け組」など、狭い考え方と言わざるをえません。日本のみならず世界で起きている問題の根底には、このような心遣いのない寂しい考え方が流れているような気がしてなりません。おとなたちが、日常の生活の中で示す生き生きとした人との関わり方が、将来おとなになる子どもたちに、夢や希望を与えることになるでしょう。

最近の子どもたちが抱える問題の最大の原因は、人とのコミュニケーション能力の欠如だと言われています。

また、「喜怒哀楽」の感情にも乏しいためか、なにか壁にあたるとき、怒りを回避するか、相手を攻撃して発散するかの両極端な対処しかできなくなったと感じます。人間関係を円満に導く能力や、感情を適切にコントロールする能力を身につけるには、いろいろな経験をすることに加えて、親やまわりのおとなたちが大きな役割を果たすのです。子どもたちとおとなたちの間に横たわる感覚の相違、「溝」があるとすれば、その溝を埋めるためには、子どもたちに3Kの理念、「感謝」「敬意」「心遣い」の言葉や行為を実際に見せることにあります。これらを欠いたおとなたちが、子どもたちを育てるのは不可能なことです。子どもたちは、おとなたちが想像する以上に「正しいこと」と「正しくないこと」を見極めたり、知りたいと願っているものだと思います。

さて、日曜日の夜の動物番組で、生きものの不思議さや美しさ、哀しさを観ることがあります。先日、ライオンの親子のことが取り上げられていました。ライオンが、トラと違って集団生活（群れ）をする動物だということはよく知られています。母ライオンは出産のときに、その群れから離れて、適当な茂みの中で出産や子育てをするのです。赤ちゃんライオンが群れに戻って、他の子どもライオンたちとともに生活できるまで、ひとり子育てに励むのです。母ライオンには、出産のうえに、赤ちゃんライオンが誕生すると同時に外敵に狙われるという危険も待ちうけています。ハゲタカやハイエナ、他の肉食獣も赤ちゃんライオンにとっては外敵ですが、草食動物のゾウもその大きさのために、十分外敵となりうるのです。母ライオンは、ゾウの群団が茂みに近づくことを警戒しています。四頭の赤ちゃんライオンを出産した母ライオンは、茂みの回りにゾウの群団の臭いがついてしまったことから、危険を察知し、その茂みから五㎞先の大木のところに引越すことを決めました。母ライオンは、赤ちゃんライオンを一頭ずつ口にくわえて、五㎞の道のりを三往復（三〇㎞）しました。やっと三頭を移動したところで空腹を満たすために、いったん、群れに戻って、狩りに参加しました。運良く、狩りは成功し、お乳が出るようになって、母ライオンは大木に残した三頭にお乳をあげることができました。三頭の赤ちゃんライオンも、数日間お乳がもらえずにいたので、これでひと安心です。

さてその間、茂みに残された一頭の赤ちゃんライオンは、母ライオンもいない上に、空腹のまま、風雨にさらされて過ごしていました。この赤ちゃんライオンは、日に日にやせ衰えて、死も目前でした。観ている私たち親子も、心配でならないのです。娘たちが、

「お母さんライオンは、どうしてこの子だけ見捨てるの?」

「もう死んでしまうから、テレビを消して……」

と、口々に感想を言い合っています。自然の奇跡や残酷さを肌で知らない私たちは、このあと起きる母ライオンの行動に驚きと感動を覚えました。母ライオンは残した赤ちゃんライオンを迎えに行ったのです。茂みの中で弱っているわが子をしっかりと口にくわえて、残りの赤ちゃんライオンのところへ連れてきたのです、無事助かりました。この赤ちゃんライオンは、他の三頭の赤ちゃんライオンに比べると成長も遅く小さかったのです。母ライオンと離れて不安の中にいた赤ちゃんライオンでしたが、生命が続いてたくましく生きる姿に安堵しました。自然の中で起きているドラマは、人間の想像をはるかに超えています。

自然の中では、種の維持、子孫の繁栄を大切なこととしてとらえています。四頭の赤ちゃんライオンすべてを守ることよりも、いつも危険と隣り合わせの場所においては、「生き残ること」が最大の課題です。この課題のためには、過酷なまでに優先順位がはっきりしているということでしょう。母ライオンが生き延びること、子どもたちの幾頭かでも生き残れることができれば良いということです。生き物たちは、耐えず究極の選択を迫られて、今日も生き残ることに専念するのです。母ライオンが残り一頭を迎えに行けたのは、偶然の産物として、母ライオンが狩りで運良く空腹を満たすことができたことや、残された一頭の赤ちゃんライオンが無事に生きていてくれたことだということです。それくらい自然は厳しいといわざるをえません。

動物社会では、親が子どもたちを必死に守っているのです。それに比べて、人間の社会はどうでしょう。親た

ちによる、子どもたちを虐待してしまうという信じられない事実があります。少年少女の犯罪と同様増え続けているというのです。感情のままに、子どもたちを虐待する親たちには、育てる資格などありません。今一度立ち止まり、目の前にいるのは、自分より小さく、自分たちの支えなくしては生きられない人間だということを自覚しなければなりません。子どもたちは弱者であり、大切に育まれる権利があるのです。

多くの親たちは、子どもたちが誕生したそのときから、子育てを学び始めます。それは自分たちの親や、病院の医師、看護師からであったり、各自治体の保健所で行なわれる健診や育児の勉強会であったり、ときには書物を通して、また身近な先輩や子育て仲間から学ぶ場合もあれば、練馬区でも行われている「子育て支援の講座」などに出席して学習する場合もあります。

この私も、一五年前に長女を出産した時は、生まれて初めての「子育て」に戸惑ったり悩んだりしました。長女は夜鳴きがひどく、寝られない夜が続くと、心身ともに疲れ果てて「仕事をしているほうが楽だわ」などと身勝手な感情が沸いてきたこともありました。このとき、担当区域の保健士さんからいただいた助言は、「昼間、天気の良い日は外に連れ出して、十分遊ばせてあげてね。夜はぐっすり寝てくれると思います。」とのこと。早速実行してみると、不思議なことに以前よりずっと寝てくれるのでした。今思えば、戸惑うようなことでもないのに、初めての子育てにまったく余裕がなかったのでしょう。

それから、育児書も購入してみました。『最新育児の百科』（松田道雄著、岩波書店）はとても役立ちました。最初の項目「母親になれるか」に、次のように書いてあります。

「育児に自信がないからと子どもをつくらないというのはまちがっている。子どもを産まないうちから育児に自信のある人間など、あるものではない。水にはいったことがなくて、水泳に自信のある人間がないのと同じだ。」

「自分は人間ができてないから、赤ちゃんをそだてる資格がないと思うのにも賛成できない。人間は完成するものでないし、完成に近づいたとしても、そのころには子どもをそだてられない。だが親になることは、人間を完成に近づける機会であることにまちがいない。子どもの側からすれば、あまり自信のある親は、よい親ではない。子どもといっしょに人生を探求し、いっしょにそだってくれる親がいい。」

これ以外にも、奥深い内容が多々あり、初めての子育てで肩に力の入っている私には、心が解き放たれた感情を抱いたものです。自分の親やまわりの人たちから直接的に育児を学ぶ機会と同様に、この本との出会いで「子育ては辛いものではなく、楽しんで子どもと共に親も育とう」という気持ちになりました。「育児」とは自分育て「育自」だと思います。

練馬区に住み、子育てをはじめて長女は一五歳に、次女は八歳を迎えることができました。多くの失敗や学びの中から、さらにまわりの人たちの支えがあったからこそ、今日に至ったことを心から感謝しています。練馬区でも「地域の教育力」や「ねりまの力」を活用しつつ、家庭・学校・地域でも「共育ち」が重要であると、また子どもたちが地域社会の中でおとなたちから、誉められ、活かされ、感謝され、必要とされるような場、単なる「居場所」から「要場所」が必要で、その要場所づくりの積極的な誕生を推進しようとしています。子どもたちの生きる場の基礎である「家庭」は、学校や地域との連携を取りながら、子どもの基本的な人格形成に大きく関わることを心から自覚して、先に述べた心の理念である３Ｋの理念、「感謝」「敬意」「心遣い」をもって、子どもたちを育み、未来へと羽ばたかせる責任を果たしていきたいと思います。

土谷　京子

3 男たちの子育て

協議会委員であった藤田さんに子育て体験から感じられたこと社会人として大学院で学ぶ意味、そして一〇歳以上も年下の人たちと一緒にこの春から新入社員となって感じていることなどについてお話しを伺いました。藤田さんは協議会委員になる前には、青年海外協力隊員としてザンビアに行かれ、ビデオ撮影技術などについて技術指導もなさっていますので、ザンビアの子どもたちの様子についても伺いました。藤田さんは、ご自身の経験から子育ては人間としての基礎を養う学習だということを強調しています。

――藤田さんは、ご自身の子育て経験から生まれてから二、三歳くらいまでの間の子どもの成長の様子を知ることが自分の成長にも役立つということを強調されていますが、その辺りのお話から伺えますか。

人間がどうやって生まれてくるかということについて、実際は知らない人が多いのではないでしょうか。特に男の人は知らない人がほとんどだと思います。どのように生まれるかということを、本で見たりして知識としては知っていても実際にその場に立ち会っている人、まして出産に協力している人はほとんどいないのではないでしょうか。また、生まれた後、どうやって育っていくかという過程についても、実際に体験として知っていることは少ないのではないでしょうか。でも、この時期の子どもの様子を見ることは非常に重要だと思います。特に、この間の育つスピードというのは非常に速いので、日々子どもと関わることが重要です。

そこを見逃してしまっていつの間にかおとなになった子どもを見て、「おとなになったナーと」ぼそっと言う。不思議なことです。うちの場合、自宅出産で子どもを産んだわけですが、子どもの体重が四〇〇〇グラムもあったことや、自宅出産ということもあって手伝わないといけませんでした。出産は大変な場面もありましたが、意外とあっさりしているなという感想を持ちました。人間が生まれてくるということは、もっと神秘的なものだと思っていたのですが、思っていたより自然にあっさりと生まれてきました。生まれてきた子どもというのは、もっとかわいいのかなと思っていたのですが、そうでもなく自分が思っていたこととだいぶ違うということがわかりました。まさに経験ということが非常に大切だと思います。

今回の協議会の中でも経験が大切だという議論はありましたが、経験するということはとても重要だと思います。しかし、経験は知識や勉強とは違うと思います。勉強して、いい会社へ行くということも大切かも知れませんが、それが本当にいいことなのかと僕は思います。僕は、いろいろなことを経験して、人と違う世界を見るということをもっと重要視しなければいけないと思います。

男の人が、自分（人間）はどのようにして生まれてきたかということをあらためてわかるというのは、家族の出産の時くらいしかないわけですよ。まさか、他人の出産の場面を見せてくださいというわけにはいきませんし、たとえビデオで撮ったものを見せられても、わからないことです。僕も、自分の家族だからこそ見ることができ、自分の子どもだから見ることができたわけです。

生まれてしばらくすると首がすわるようになったり、笑うようになったり、ミルクから離乳食になったり、そのうちオムツが外れて歩くようになったりするわけですが、この過程を見るために必要な時間は、たかが一年程度ですよ。しかし、その一年が、男の人は外で働くものだということや、なんらかの社会的な制約で、あまり家にいられず、子育てもしない場合が多いのだと思います。男の人が育児に関わるのは一週間で五分だという統計もあると聞きますが、やはり、この期間は女の人に任せるのではなく、しっかりと見るべきです。一七、八歳くらいまでは、成長すると言いますが、実際は、生まれてから二、三歳になるころまでの変化がすごいわけです。生まれてからの数年間で行くところまで行ってしまうわけですが、その期間に接しないのは、もったいないと思います。

子どもは、父親、母親というものが大好きなわけです。でも、いつのまにか、母親が好きになっていたりするのです。それはなぜかをきちんと考えるべきです。オムツを替えるとか、ミルクをあげるとか、自分の子どもに対してしかできないのです。男の人は、人間がどのように育つかということをもっと見るべきです。今回の協議会の中でも、小学校へ入ってからの話、大学生くらいまでの話が多かったですが、実は、その前に非常に重要な期間があると思います。義務教育の期間だけでなく、その前段階から見ていかないといけないのではないでしょうか。

――ところでザンビアの場合はどうでした。

ザンビアの場合は、一夫婦に対し一〇人位子どもがいる場合が多いようでした。出産は自宅の場合も、クリニックの場合もあるようです。ザンビアの場合の問題は子どもの死亡率が非常に高いということです。僕が行った一九九八年で、平均寿命は四二歳、それが帰ってくる時は三七歳になっていました。現在は三三歳位のようですから、ここ数年で一〇歳近く下がったことになります。ＨＩＶの感染者が増えているということが問題だと言われていますが、一番大きな問題は、五歳以下の子どもが成長できないことです。五歳以下のこどもが、ＨＩＶで死亡しているのではなくて、感染症による下痢が原因で脱水症でなくなってしまうわけです。地方に行くと子どもを多く見かけます。家にとって、子どもは労働力として考えられているようです。子どもを労働者として捉えることは、よくないかも知れませんが、たしかにそういうところはあります。労働者といってもお金を稼ぐということではなく、家の手伝いと言った方がよいかもしれません。電気、水道、ガスがない社会ですから、たとえば火を起こすだけでも大変なわけです。井戸に水を汲みに行くといっても、数キロも離れている場合もあります。遠いところから水を汲んで帰ってくるわけです。水汲みは女の人の仕事になっていますが、想像以上に大変な仕事です。日本では、水は水道栓をひねればすぐ出るわけですからこれは大きな違いです。洗濯だって、日本では、洗濯機に洗剤を入れてスイッチを入れれば済むわけです。干すのがちょっと面倒かなというだけです。ザンビアでは、電気もない、水も遠い所から汲んでくるわけですから、一人一人の手が必要なわけです。労働の効率が悪いので労働量は莫大に大きいのです。

――青年海外協力隊員としてザンビアの子どもたちのそのような状況を見て来られた後、父親になられたわけですがお子さんとザンビアの子どもたちについて比較するようなこともありますか。

ザンビアの子どもと自分の子どもを比べると、自分の子どもは幸せだと思います。というのは、下の子は生まれて二日目に腸ねん転で入院、即開腹手術という経験をしています。お腹が張っているのでガスでも溜まっているかなということだったのですが、病院へ行ってみるとすぐ手術しないといけないということでした。「お父さん、手術するための承諾書にサインしてください」、「輸血に関しては、現在の医療ではわからない危険があります。それを承諾していただけないと手術できません。ここにもサインしてください」ということなのです。「お父さんサインしてください」と言われても、どうすればよいか複雑な気持ちでした。そんなことできませんが、自分の子ではあってもやはりこんな重大なことは本人に決めてもらってくださいという気持ちでした。サインをして二時間後は、もうお腹を開かれて、手術後はＩＣＵへ移されました。生まれてすぐの子どもには気の毒なことでしたが、これも日本の医療が発達しているからこそであってザンビアであったら多分助からなかったと思います。ザンビアでは下痢で死んでしまうことなんて、日本的感覚では想像できないでしょう、それが現実です。

ザンビア（首都ルサカ）の子どもたち
（撮影2000年）

——日本の常識が世界の常識ではないということですか。

常識ということで言えば、日本の常識も世界の常識ではないし、ザンビアの常識も世界の常識ではありません。どの国の常識も世界の常識とはならないのではないでしょうか。僕自身、会社を休んでザンビアに行き、会社を辞め、子どもができる、さらに大学院へ行き、そして、今年また一〇歳以上も下の人たちと一緒に新入社員として会社に入りました。これって、非常識ですよね。でも、非常識であってもこうして通用し、生きているわけですよね。たぶん、世界に通用する常識というのは、人が死ねば悲しいということなどではないでしょうか。ザンビアでは、たしかに子どもは多いんですが、それでも一人でも死んだら悲しいのです。日本でも同じく、子どもが死んだら悲しい、それと同じように一〇人いる子どもの一人が死んでも悲しいです。

——人が生まれれば嬉しい、人が死ねば悲しい。こういうことが世界の常識、生き物としての常識ということですか。

そうだと思います。子どもが多くても、少なくても、一〇〇人いても、たとえ一人でも悲しいことは、悲しいのです。幼児虐待ということもありますよね。自分の子どもでも、時には、そういう気持ちになってしまうということはわかります。自分の子どもから、いきなり叩かれたりしたときなど、思わず、「何するんだ、痛いじゃないか」と手が出てしまいそうになることもあります。

——小さい頃、親からゲンコツを貰ったりしましたよね。

そうですね。そういう時って、本当に怒っている場合もありますが、そうは言っても、ある所で引き戻るんですよね。理性というか。そういうもので戻るんですよね。

——話はもどりますが、幸いにして藤田さんの場合子どもが小さい時、子どもと一緒に過ごすことができたわけですが、そ

の経験から男の人にもぜひそういう経験をしてほしいということでしたよね。

僕は、その時期フリーカメラマンでしたので自由な時間も多く、子どもを見ることができました。子どもの育つ過程を見るというのは、人間の基本を見ることだと思うのです。子どもは、いろいろなものを吸収して育つと、言われますが、実は、いろいろなことを発している生命体でもあります。おとなには、それを読み取る力が必要になります。一体、何が言いたいのか、と思うような時もしばしばあります。ミルクをあげてもだめ、オムツを替えてあげてもだめだという時があり、実は、ただもっと遊んでもらいたいだけだったり、だっこをしてもらいたいだけだったりする場合がよくあります。子どもを見ていると、人間が本来持っていたはずの見る力を思い出させてくれることがあるような気がします。

――藤田さんのような経験のある社員が発する情報や感性は、それまでの社員からもたらされていたものと違うわけですから、ご自分では変わっているとおっしゃるかもしれませんが、これからの企業にとって、とてもプラスになるという部分があるのではないですか。

それは、どうかわかりません。なにせ、僕も、四月に入社して、まだ二カ月半しか経っていませんが、周囲から見ると僕は異色かもしれません。会社に入ってみて感じましたが、僕と同じようなことをするのは難しいのではないかと思います。日本の社会を見てみても、少ない例でしょうし、やはり常識ではないと思います。

練馬に来たとき、フリーカメラマンだったのですが、フリーだと家を借りることもできないのです。会社から、勤めているという証明が貰えないと無理なのです。どこの不動産屋さんへ行っても同じでした。「じゃ、一年分まとめて払うから」と言っても、「契約期間の二年分まとめて払うから」と言ってもだめでした。反対に、会社に勤めてさえいれば、お金が無くても貸してもらえるのです。家というのは、人間が生きていくうえで、基本的なものですよね。それがなければ、テント生活になってしまいます。

私の父親からも、世間体という意味で言われたこともありました。「子どもがいて定職がなくてそれでいて大学院？　学校へ行って、いったいどうするんだ。何を考えているんだ」と言われました。確かに、それは短期的に考えればそうかもしれませんが、少し長い目で見れば、そうではないはずです。今だけを考えていては、もったいないと思います。一〇年後、二〇年後のことを考えるべきです。長い目でみた行動をすることが必要だと思います。そもそも、みんなと同じことが正しいことなのか疑問です。十人十色でいいと言いながら、実は画一的な社会が望まれているのではないかなと思います。そこを変えていくためには、みんなと違っても、未知のことに挑戦していくべきです。

――お話を伺って子どもと過ごすことが、藤田さん自身にとっては大変なプラスだったことは、よくわかりました。このことはお子さんにとっても、当然プラスだったということですよね。

うちの子どもは確かに、私に見てもらうことも多かったということは事実です。でも、それが子どもにとってどうだったかはわかりません。つまり、客観的にはどうかわからないと思います。それよりも、やっぱりおとなの方が受ける影響は大きいと思います。僕は、得るところは大きかったですね。

――パートナーにとっては、二人で子育てをするということはどうだったでしょうか。

うちは、共同して子育てしたわけですが、やっぱり母親の方がいろいろ知識がありますし本能もあり、子育てのプロフェッショナルだと感じます。しかし、一緒に子育てをしていないと、男の人に子どもを預けるのは勇気がいるでしょう。一歳未満の子どもを残して母親が一泊するなんて、難しいと思います。家事、子育てを分業できたのは、よかったのではないでしょうか。子どもが幼いころの夜泣きはつらいですが、うちの場合は、意識的に自分が起きて、ミルクをあげるようにしていました。一晩に三～四回は、起きていました。夜一一時ころ寝て、三〇分くらいしたところで一回、そのあと夜中に二～三回です。朝の五時半くらいだと、あと三〇分、寝ていられたのにと思ってしまうこともありました。つらいことに男女の差はありませんよね。男の人の方が協力しないと、二人の子どもなのに、なんで自分だけつらい思いをするのかと、女の人は思うのではないでしょうか。一人で子どもを見なければならないとなると、トイレに行けないような時もありますから、やっぱり、子育ては分業しないと難しいです。一人親で育つと、ひねくれるなんて話もありますが、それは単なる結果論であってどうなるかはわかりません。しかし、子育ては、一人でなくみんなでやることが必要ですね。夫婦が協力して子育てすることは、絶対に必要です。

――ところで、そういう中で、大学院へ行かれるのですが、それは子育ての経験と何か関係があるのですか。

志望動機ということですか？　残念ながら、これは、子育てとは関係ありませんでした。子どもがいても、いなくても学校へ行っていたと思います。子どもを犠牲にしてしまったかなと思っています。それより、アフリカへ行ったことの方が、進学に強く影響していると思います。

カメラマンを一〇年経験したあとザンビアに行きましたが、一〇年やれば一応一人前ということで、技術的にはある程度の自信はありました。でも、技術というものはガラスの天井で、見えない限界があります。それを超えるためには技術だけではだめなのです。たとえば、いいと思ってつくった作品ですが、その作品を観た人は、本当に、いい作品だと思ってくれたのかなど、気になるのです。何でもそうですよね、世に出したものをどう感じてくれたのか気になりますよね。しかし、フィードバックは少ないわけです。「よかった」という感想を貰っても、どこがどうよかったのか知りたいわけです。たとえ、よかったにしてもそれにはいろいろ要素があるわけです。その要素を分析するような研究をすれば、技術の壁を超えることができるかもしれないと思ったのです。

それと、もう一つは、人的ネットワークの組み方、コミュニケーションの仕方を勉強したかったのです。大学の先生が、社会人である自分にどのようにコミュニケーションをとるかを知りたいと思ったのです。それは、自分も年をとって、逆に、人に教えるような立場になった場合に役立つと思ったからです。さっきも言いましたが、子どもにとっては、多少の犠牲はありますが、長い目で見てほしいと思います。

――お子さんが大きくなったら、藤田さんがなさっている生き方について、どんなふうにお話しなさいますか。

一言で言うと、自分のことは自分でやってねという感じです。僕自身も、自分のことは自分でやるというタイプでしたからね。「自分のことは自分でやりますから結構です」と言うタイプでしたから。子どもは子どもですが、子どもは一人の人間と思っています。うちの子どもは一歳と三歳ですが、一歳では無理かもしれませんが、二歳を越えるころからは、説明してやればわかっているような気がします。「私が学校へ行って勉強している」ということでも、学校というのはこういう所で、勉強というのはこういうことなんだよというように丁寧に説明すれば、「ふうーん」と聞いてくれます。「つくば」と言ってもわからないわけですから、電車に乗って、これくらい行ってというようにイメージができるように話してあげればわかるようです。自分の生き方について、いつか話してあげるのではなく、現在、すでに話しているのかもしれませんね。子どもに希望することは、自分らしく生きてほしいということです。自分らしくと言っても、みんなと同じような生き方の場合ももちろんあります。同じようにすることが、その子の自分らしさということもありますからね。

――子どもにとって親の生き方というのは大きい影響力を持っていますが、藤田さん自身は親からどのように育てられましたか。

勉強しなさいとも言われましたが、勉強は言われてできるものでもないでした。でも、親の力は大きいと思います。子どもにとっては、両親がおとなの基準になるわけです、そこが一定のレベルになっていることが必要だと思います。親がフリーな仕事をしているにしても、多くの人は会社に行って働いているということを知らされない限り、その子にとってはフリーが基準で当たり前だということです。とにかくそれまでは、親がおとなの基準です。

そうは言っても、僕自身も朝寝坊はするし、子どもの前だからといって、いい格好ばかりできるわけではありません。でも、やはり親の姿は大切だと思います。

――藤田さんの場合、幸い子どもが生まれてからの数年間をきっちりと見ることができました。だからその後は、必ずしも子どもたちの姿を見ていなくても、最初の数年間の蓄積で、子どもたちの変化を連続的なものに感じることができるということはありませんか。そのような経験がないと、子どもたちの変化は驚きでしかなく、何かあるたびに一喜一憂しているだけで、子どもを連続性のあるものとして感じられないということもあるのではないでしょうか。

そうですね、でも、どちらの場合でも連続的な姿を感じることはできるのではないでしょうか。時々しか見ていなくてもできると思います。初めの二、三年間見ていたからといっても、三日後の変化はわからないわけです。三日間見なかっただけで子どもの姿が別人のように見えることもあります。立つようになるとか、歩くようになるとか、一緒にいても、その変化の大きさに驚くこともあるわけです。最初の二、三年一緒だったからといって、驚きがないということはありません。来年、再来年、どうなっているかはわからないと思います。でも、一緒に過ごしたことで、確かに愛情は生まれました。

やはり、育児をすることにより自分にはねかえって来るものは大きかったと思います。子育ては試練のようなものです。特に初めての子どもに対してはこれはどうしたんだ、どうすればいいんだと、すべて試練でした。しかし、仕事に行っていれば、父親はそのことを感じないで済むわけです。

僕がアフリカの話をして、理解はできても、決してわからないだろうということがあります。子育ても同じで、知識としては理解できてもわからないのではないでしょうか。わかるためには経験しかないと思います。会社に行かないで子育てをする、社会人になって学校へ行く。しかし、その意味は経験してみないとわからないでしょう。子どもは、ほっておいても大きくなるものでしょうが、自分が成長するためには経験が必要です。つまりおとなが勉強することが必要です。これは学校へ行くということばかりではありません。勉強をするという経験が必要なのです。勉強から、経験へとひねっていくことが大切です。

――勉強でなく、勉強という経験が必要ということでしょうか。

大学へ行くという経験、子育てをするという経験、そういうことが必要なのだと思います。大学院へ行く前は、大学院というのは、どんなところなのだろうと思っていましたが、行ってみればああこういう所なのだとわかるのです。今回の協議会でも、協議会の場に出たことによって、こういう所なのだとわかったわけです。僕は、練馬に来て、小学校の英語の指導員やパソコンの指導もやりました。職員会議へも出席させてもらい、職員会議というのはこういうものなのかとわかりました。これも経験でした。経験は人間という器を大きくするためにも、必要なのではないでしょうか。

話し手／藤田　良治（聞き手／編集担当）

第3章　地域に学び地域を変革する学校づくり

❶「地域から学び地域に育てられる学校」から「地域に働きかけ地域に貢献する学校」へ
――「ふるさと中村音楽祭」の実践から

1　地域社会の再形成に貢献できる学校でありたい

日本の公立学校、特に小学校は、地域に育てられ、地域と共に歩み発展してきたと言えるでしょう。文字どおり「地域あっての学校、学校あっての地域」であり、かつて学校は教育機関であると同時に地域の文化センターでもありました。戦後、いろいろな理由から両者の関係はきわめて希薄になりましたが、ここ十数年来あらためて「学校と地域の連携」「地域に根ざした教育」の必要性が叫ばれ、多くの地域、多くの学校で、優れた実践がすでに数多く積み重ねられています。しかし、その多くは、「地域から学ぶ」ことを主とした活動にとどまっているように思えます。「地域から益を得る」「してもらう」立場での活動です。確かに、地域の歴史や環境や人材を学校教育の目的のために活用することは、素晴らしいことであり、必要なことです。しかし、学校として、それだけでは不十分ではないかと思うのです。もう一歩踏み出して、「地域に働きかけ、地域社会の望ましい形成に貢献する学校」をめざしたい。学校がイニシアティブをとり、保護者や地域住民と協力して、「子どもを中心にすえた地域文化」を創造し、「子どもを仲立ちとした新たな地域社会」の形成を促す、そして何よりも子どもたちの心の中に「ふるさと」を創り出していく、そういう役割を果たせたらと思うのです。地域の連帯感が薄れ、地域の教育力が落ちてきている現代、地域社会・地域共同体の再生に果たす学校の役割を再評価し、活用すべきだと思います。

2　都会の中にこそ「心のふるさと」づくりを

練馬区内の多くの地域は、かつては農村地帯でしたが、戦後、それも高度成長期以降急速に住宅地化しました。たとえば、一〇年ほど前、この章で紹介する練馬区立中村小学校の保護者を対象に「この町に住むようになった年代調べ」を行ったところ、戦前からこの地域に住み続けている家はわずかに五%、昭和三〇年代までの移住者を含めても約一五%、大部分は昭和四〇年代以降にこの地域に移り住んできた家族でした。そのうえ、転出入も非常に多い。つまり、大部分の親にとっては、「ふるさと」は別にあるのです。自身が生まれ育った懐かしい故郷は、他の地にあって、ここは、長い人生のうちの何年かを過ごす通過地点の一つ、あるいはいろいろ転居を繰り返してきた末の終着地点にすぎません。よくて「第二、第三のふるさと」でしょうか。このような状況は、おそらく東京のどの地域でも多かれ少なかれ同様だと思います。

ところが、子どもたちは違います。たとえ数年間の生活だったとしても、多感な少年少女時代を過ごす、ここここそが、正真正銘の「ふるさと」になるのです。いや、「ふるさと」にしてあげたい。やがておとなになった時、自分の人生の原点として、懐かしく温かい気持ちで振り返ることのできる土地にしてあげたい、「この地域こそ我がふるさと、この学校こそ我が母校」と呼べるようにしてあげたい、そう言える学校・地域を、両者の連携・協力で創り出したいものです。そのためにこそ、学校は進んで地域に働きかけ、望ましい地域社会の形成に貢献していきたいと思うのです。東京の学校教育は、常にこのことを念頭におきながら推進しなければならない、と考えます。

3　子ども・教育を中心に据えた地域づくりを学校から

学校による地域社会への貢献というと、施設設備の開放や貸出し、地域集会場としての活用、敬老館や児童館・保育園などの併設、震災時の避難拠点、防災用備蓄設備などがまず頭に浮かぶでしょう。実際このような活用の仕方が多くの学校で行われています。これらは重要なことに違いありませんが、めざすべき本筋の姿ではないと思います。私たちが考える地域貢献とは、学校がイニシアティブをとり、保護者や地域住民と協力して、「子どもを中心にすえた地域文化」を創造し、「子どもを仲立ちとした新たな地域社会」の形成を促す、そういう貢献のあり方です。「要場所」づくりへの積極的関わりです。

練馬には現在六九の公立小学校がありますが、その校舎の多くが老朽化し、一〇年二〇年後には改築や大規模改修が必要になってきます。改築の基本構想として夢見るのは、「貸出し」や「併設」型の開放施設でなく、あくまでも「子どもを中心とした地域文化学習センター」としての機能を持つ学舎《まなびや》を構築することです。

たとえば、◇子どもと地域住民とが共に音楽や演劇などを楽しめる小ホール（音楽室）、◇子どもや地域の方の創作物を常時展示できるギャラリー（学校美術館）、◇お年寄りや障害のある方などとの交流ができ保護者や地域の方も利用できるスクールレストラン（ランチルーム）、◇豊富な学習資料とネットワーク・コンピュータが整備された学習情報センター（図書館）、◇夜間も利用できる温水プール付き体育館、◇泊まり込んでの学習や外国の青少年との交流が可能な簡易宿泊施設（ステイルーム）、また◇日常的に小中学生と相互交流が図れるような形での高齢者向けの文化学習施設と幼児教育施設の併設……などが考えられます。

以上は施設面での「夢」ですが、内容の面でもいろいろなことが考えられるでしょう。次にあげるのは、区内の小学校で取り組んできた地域社会への働きかけの実践例です。

①　地域の知と人材のネットワーク化をめざし創設した『人材バンク』と『ふれあい談話室』

地域には、さまざまな人材が存在します。職業も多種多様、いろいろな能力や経験を持った人がたくさんいますし、仕事を離れ、趣味やボランティアなどで、社会的に活動・活躍している方もたくさんおられます。この方々を、学校の「人的資源」「人的財産」として、教育の中に生かしていく。外部の風を招き入れることによって、学校教育に風穴を開け、その活性化を促す。「人材バンク」構想は、このような学校教育への支援という面だけでないのです。もっと遠くを見通した企画であるととらえています。学校教育への活用だけに限定せず、地域のいろいろな組織やグループが、互いに情報を交換し合い、人材を紹介し合う、「人材ネットワーク」の構築です。練馬区立大泉第二小学校では、「子どもたちだけでなく、私たち大人も学びたい」の声に応え、月一回～二カ月に一回ほどの間隔で、保護者と地域住民を対象として、夜間に〝大人の小学校〟〝雑学講座〟とも言うべき『大二小ふれあい談話室』を開催しました。校長とＰＴＡ会長連名による呼びかけで、講師は人材バンク登録者を中心とした多彩な方々。もちろん、時に学校の教員も講師となります。

②　開校五〇周年の記念事業として、地域の歴史や文化を掘り起こし、将来の夢までを展望した記念誌『ふるさと中村　今・むかし・そして明日』の出版

中村小学校では、開校五〇周年の記念行事を、通り一遍なものでなく、子どもたちの「心のふるさと」づくりに役立ち、地域全体の連帯感の醸成にも役立つものにしようと考え、地域の方々とも相談の結果、地域の歴史、現状、未来を展望できる一冊の本を記念出版として刊行することにしました。「心のふるさと」づくりのためには、まず自分の住む町のことをよく「知る」こと、そして「体験」することです。この本を媒介としてそれが実現できるよう、町の史跡・名所案内や昔の暮らし、年中行事、言い伝え、さらにこれからの夢など、自分たちの住む町を多面的に描き、小学生から大人までが楽しめ役立つ内容を網羅することをめざしました。編集・執筆の

中心となったのは、若い教師たち。資金は、五〇〇名を越える地域有志の基金によってまかない、多くの保護者もボランティアとして、ワープロ打ちから、イラストや「周辺マップ」の制作、表紙のデザインと装丁など、それぞれの特技を生かして参加してくださいました。古くから町の歴史を担ってきた「旧住民」の方々だけでなく、新たに中村の住民となった人々も、それに何よりも子どもたちが、この町を再認識し誇りに思うのに役立ったと思います。「地域の財産」「地域学習の絶好の教材」として、今後末永く子どもにも大人にも活用されることでしょう。

③　学校主導のもと、地域の小・中学校、PTA、町会等が協力して創り出し「地域の伝統行事」にまで育ってきた『ふるさと中村音楽祭』

この音楽祭について、次項以降で詳しく紹介します。

4　学校が主導して実現した地域の音楽祭

練馬区には、よく知られたユニークな地域音楽祭として、朝日新聞のびのび教育賞・地域づくり団体総務大臣表彰を受けた「小竹の森音楽祭」があります。ほぼ同時期に始まった「ふるさと中村音楽祭」は、先輩格にあたるこの「小竹の森音楽祭」に比べ、内容の面でずっとささやかなものですが、共通した特徴も持っています。それは、どちらも学校がイニシアティブをとり、地域と保護者に呼びかけて、実現したということです。そして、一〇年以上の歴史を重ね、学校も含めた「地域」による、地域のための、地域ぐるみの伝統行事」に育ってきているることも共通しています。

この音楽祭を発案した思いや「ねらい」について、中村小の校長が学校通信に書いた文章を次に掲げます（「中村小だより」平成七年九月号）。

「ふるさと中村音楽祭」への期待

（前略）私は、三年前にこの中村に小学校長として赴任してきて、感動したことが三つあります。まず子どもたち。区内一、二を争う八〇〇名もの大人数でありながら、朝会や集会での話を聞く態度の集中ぶりと反応の良さに、まずびっくりしました。背後にある各ご家庭での教育の良さを感じました。第二は、中村の町並みです。練馬の町というのは、何処もかっての農道の延長で狭く曲がりくねった道ばかりですが、中村の道は碁盤の目のように整然としています。戦前から地域ぐるみで自主的に区画整理に取り組み、戦後の困難な中でもその事業を継続、見事成し遂げたという話を聞いて、進取の精神と実行力・団結力に満ちた地域であることを実感しました。第三は、その地域の方々が実に学校に協力的なことです。物心両面から温かい援助を、さりげなく当たり前のようにして下さいます。その雰囲気は保護者の方々も同じで、古くから中村に住んでおられるいわゆる「旧住民」と最近中村に引っ越してこられたいわゆる「新住民」との間も実にしっくりいっている貴重な地域だと思いました。

加えて、この中村の地域は、町会は中村東町会と中村西町会、小学校は中村小と中村西小、中学校は中村中、それがそっくり学区域割りに重なり、はっきり・すっきりしていることでも特色のある地域です。この二町会・二小学校・一中学校・三ＰＴＡは、何かにつけ協力・連携しあう良い関係を保ってきました。私は事あるごとに「地域あっての学校、学校あっての地域」と言っていますが、その理想実現への可能性を日々実感しています。

「ふるさと中村音楽祭」は、このような中村の良さを最大限に生かし、地域の連帯感を一層高めるための文化的行事として、また次代を担う子どもたちへのプレゼントとして計画されました。この地に学ぶ子どもたちが、心豊かに健やかに育ってほしい、中村の町・中村の学校を真に「心のふるさと」と呼べるところにしてあげたい、そのための体験の場と機会をたくさん作ってあげたいというのが、私たちの共通の願いです。

縁あって中村に住み学ぶ仲間どうし、子どもと親と地域住民と学校とが、共に創り、楽しみ、心のふれあいを深める楽しいひとときにしたいと思います。（後略）

赴任以来このような思いを抱いていた中村小の校長が、この前年、前記三校の校長・ＰＴＡ会長とが同席したある会合の場で提案、特に三人のＰＴＡ会長さんがすべて大変音楽好きな方々だったことから、意気投合、実現に動き出したのでした。三校の校長・教頭、ＰＴＡ会長・副会長、二町会の会長・副会長が数回にわたり準備の話し合いを持った後、平成七年の六月、「中村小・中村西小・中村中の保護者」「中村東町会・中村西町会の会員」「中村地域在住の区民」に向けて、音楽祭の開催と実行委員募集の呼びかけをすることになりました。呼びかけ人は、以下の八名

中村中学校ＰＴＡ会長・上原雅裕、中村小学校ＰＴＡ会長・星川一郎、中村西小学校ＰＴＡ会長・長坂利一、中村東町会長・加藤精一、中村西町会長・西貝浅夫、中村中学校長・佐山雅彦、中村小学校長・吉成勝好、中村西小学校長・佐々木恵子。

この音楽祭の目的として掲げたのは、次の三点です。

① 中村地域の連帯感を高める。

② 中村の地域に音楽的文化の香りを広める。

③ 子ども・親・地域住民が共に創り出し、共に楽しみ、交流を深める。

次が、呼びかけ文です。

> 「ふるさと中村音楽祭」の開催と実行委員募集のお知らせ
>
> 私たちの住む中村は、歴史と伝統のある町です。整然とした町並みと豊かな緑に彩られた落ち着いた環境にあります。区内でいち早く区画整理に取り組み、いろいろな困難を克服して成し遂げたことにもよく表れているように、進取の精神に富んだ土地柄でもあります。
>
> 敗戦直後の中村小・中村中の創立、その後の中村西小の独立も、地域の方々の大きな期待と物心両面からの援助のもとになされました。この三校は、文字どおり「地域の学校」として、地域の人達に見守られ助けられ育てられてきました。中村地域の二つの町会＝中村東町会・中村西町会とこの三つの公立学校は、今も互いに良い連携・協力関係を保っています．こ

の地に学ぶ子どもたちが、心豊かに健やかに育ってほしい、中村の町・中村の学校を真に「心のふるさと」と呼べるところにしてあげたいというのが、私たちの共通の願いです。

このたび、この中村の良さを生かし、地域の連帯感を一層高めるための文化的行事として、地域ぐるみの音楽会「ふるさと中村音楽祭」を計画いたしました。

縁あって中村に住み働き学ぶ仲間どうし、子どもと親と地域住民と学校とが、共に創り、楽しみ、心のふれあいを深める楽しいひとときにしたいと思います。

《音楽祭の実行委員になっていただけませんか》

音楽祭の成功に向けて、いろいろな準備や取り組みが必要です。そこで、皆様のお力をお借りしたいのです。三校ＰＴＡの保護者の皆様、二町会の会員の皆様、中村地域にお住まいの皆様の中から、ボランティアを募り、手作りで運営していきたいと思います。実行委員として、お手伝いいただければ幸いです。実行委員会の仕事としては、

・会の流れや次第の検討　・呼びかけ文、案内状の作成　・プログラムの作成　・ポスターの作成と掲示　・宣伝や雰囲気盛り上げ　・出演団体との連絡、調整　・会場のレイアウト、会場図の作成　・必要な用具等の準備　・立て看板、大看板、諸表示の作成　・受けつけ簿、アンケートなどの作成　・受付係、案内係　・来賓出演者の接待係・司会、進行係・会場係　・会場準備、片付け（体育館シート、楽器、机いす等）・放送係　・照明係　・会計　・反省会準備　・写真、記録係　など、たくさんの人手が必要です。お気持ちのある方は、三校の教頭かＰＴＡ会長・副会長、または町会役員までお申し出ください。よろしくお願い致します。

第一回実行委員会は、七月一一日に開かれ、実行委員長に中村西小ＰＴＡ会長の長坂利一さんが選ばれました。長坂さんは、平成一四年度の第一〇回音楽祭でも実行委員長を務めました。また、町会の回覧板でこの音楽祭のことを知り、実行委員に申し込んだ西貝圭子さんは、当時幼稚園児だったお子さんが高校生になった現在まで、ずっと中心メンバーとして企画運営に携わっています。

平成七（一九九五）年一〇月二八日（土）の午後、中村中学校の体育館で開催された第一回の音楽祭は、地域

内外に大きな反響を呼んで、大成功。当初、まったく初めての試みなので再度の開催ができるかどうかわからないということで、あえて「第一回」と銘打ちませんでしたが、参加者は出演者・裏方を含めて四〇〇名を超え、一〇〇通以上集まったアンケートでも、「中村にとって画期的な催しだ、感動した」「中村に住んでいることに喜びと誇りを感じた」「次回は私たちも出演したい」など積極的な評価が多数寄せられました。

中学生が司会をはじめ音響・照明・舞台設営など裏方として活躍してくれたこと、PTAのお母さんパワーが行動力抜群であったことなど、この音楽祭の趣旨や方向性に合致する嬉しい成果でした。フィナーレに「ふるさと」を全員で大合唱するスタイルも、第一回で確立されました。

5　出演団体の多様化、実行委員会方式の定着化、地域の伝統行事化へ

第二回は、翌年の一〇月五日、中村小学校を会場として開かれました。第一回での運営上の不備を改善し、継続化・定着化に大きな一歩となりました。特に、この回から、中村児童館・学童クラブの子どもたち、そして地域にある身体障害者訓練福祉作業所の音楽愛好グループ「松の実バンド」の参加が得られたことが大きく、この二団体は以後

地域ぐるみ
手作り音楽祭
・小・中3校と2町会
練馬・中村で28日

地域住人らが協力した、手作りの「ふるさと中村音楽祭」が、二十八日、練馬区の区立中村中体育館で開かれる。「人のつながりが残る中村の地域性を生かそう」と、小、中学校計三校と、地元二町会が合同で企画した。百人以上に上る地元の人たちが今、最後の準備に追われている。

中村東町会と、中村西町会からなる中村地域は、ほぼ同中の学区域に重なっており、域内には区立の中村、中村西両小学校がある。このためこれまでも、三校と二つの町会が協力して地域の清掃を進めるなど、地域ぐるみの活動を行ってきた。

そんな中、昨年十二月、三校の校長やPTA役員らが懇親会を開いた際、「地域の一体性を生かして、みんなで何かやろう」という話が持ち上がり、町会にも呼びかけて音楽会を開くことにした。今年三月に準備会を作り、七月には四十三人の実行委員会を結成した。

ポスターは、地元のプロアニメーター、吉村戴正さん(四四)がボランティアで引き受けた。肝臓を悪くして、ほかの仕事がほとんど出来ない中、「この仕事だけは」と仕上げたのもつかの間、さる十日に、吉村さんは亡くなった。葬儀には、実行委員の多くも参列、「吉村さんの分まで」と音楽会の成功を誓ったという。

A3判のそのポスターは、すでに町会の掲示板や公共施設など二百か所に張られている。

当日は、区の無形民俗文化財に指定されている「中村囃子連」の「中村囃子」や、二十年近く活動を続けている金管楽器を使ったバンド「ブラック・コルト」の演奏、中村小PTAのグループが元になって九年前に発足した「コール・キャロット」の合唱など、七つの団体が、日ごろの鍛錬の成果を披露する。

実行委員会事務局を務める中村小の玉置高教頭は、「チラシや招待状を配るたびに『楽しみにしている』と言われる。手伝いを買って出る人も多く、地域の人の期待が高いことを実感しています」と話している。

音楽会は午後一時から。入場無料。問い合わせは中村小の同事務局（☎3999・4241）へ。

音楽祭の開催を報じた新聞記事（読売新聞　平成7年10月25日号）

音楽祭の開催を報じた新聞記事（読売新聞平成7年10月25日号）

第1回音楽祭に出演した地域児童文化研究会「ぐるーぷてんてん」

毎回参加、心温まるユニークなパフォーマンスで好評を博しています。

次は、第三回のプログラムの「あいさつ」です。

第三回ふるさと中村音楽祭に寄せて

実行委員長　上原　雅裕

海や山川はなくとも心のふるさとを「なかむら」に留めてほしい。そんな願いで中村の地に住む人・働く人・学ぶ人同士が知恵を出しあい、会場をつくり音楽祭を開いて今年で三回目を迎えます。折しも中村小学校・中村中学校が創立されて五〇年が経った今回は、思い出の五〇年を音楽で綴ってみたいというテーマで開催することに致します。

歓びを倍加させ悲しみを癒してくれた皆さまのあの頃のメロディーやこれからのリズムに出会えるかもしれません。限られた時間ではありますが、ふるさと中村音楽祭の手作りの良さに触れていただけたなら我々実行委員の望外の幸せです。

一〇回を越える開催を通して形づくられてきたこの音楽祭の特色は、次のようにまとめることができるでしょう。

①　予算ゼロで運営していること……入場料も出演料も無料。それが可能なのは、事務局と会場が学校で、その施設・設備・用品が使えることと、実行委員に多彩な人材が揃っていて、いろいろな役割をボランティアで担ってくれたり、用品を提供してくれたり、ゲストもほとんどノーギャラ同然で招聘したりできることによります。文字通り「手づくり」の音楽会です。

②　「出る者を拒まず」の原則が貫かれていること……出演希望団体は、すべて「予備審査」なしで出演できます。レベルの高低を問いません。出演団体数は回を追う毎に増えていっていますが、出演時間を短くすることで調整し、全体の時間があまり延びないようにしています。この点、「小竹の森音楽祭」が、地域に武蔵野音楽大学や日本大学芸術学部がある特色を生かし、後半部分では毎回必ずプロの音楽家による演奏を組んでいるのとは、好対照をなしています。

③　出演者と出し物のジャンルがバラエティーに富んでいること……常連の団体の他に、ファミリーで、数家

族で、仲良しグループで、二人または三人組で、あるいは個人でも、出演できます。年齢も、幼児から老人会のお年寄りまで三世代にわたります。出し物も、合唱・合奏から、独唱・ピアノの連弾、リコーダー、バイオリン、ギター、三味線、和太鼓、フォークダンスや日本舞踊、ジャグリングや皿回し等々、実に多彩です。第一〇回では、中村小の職員「ナカムラティーチャーズ」が出演し、大きな拍手を浴びました。

④　実行委員会方式が根づいてきていること……毎回、最初の準備会では、まず「今年はどうしましょう？やりますか？」というところから話を始めています。無理をせず、その年度年度、集まったスタッフでできる範囲の計画を組んでいます。それでも、一〇年間休まず開催され、その都度スタッフからいろいろな新しいアイディアが出され、それが生かされます。学校主導で始まった音楽祭が、地域の実行委員会主体の開催へと成長したと見ることができるでしょう。

平成16年12月11日開催の「第10回ふるさと中村音楽祭」会場風景

「出演希望者のレベルを問わない」とは言いながら、水準は全体として確実に向上していると思います。かつての出演児童生徒からプロをめざす子も出ています。この音楽祭の夢である「子どもたちに〝ふるさと〟の実感を！」「町ぐるみの文化行事を通して地域の連帯感を！」「幼・小・中・町会・ＰＴＡの連携を！」という理想の到達には、まだまだ課題はありますが、近づきつつあるという手応えを感じています。

この音楽祭が、地域に住む子どもたちにとってもおとなたちにとっても、確かな「要場所」の一つとなっていることを確信します。

吉成　勝好

❷ 地域行事への参加で輝く子どもたち

1　地域の状況

練馬区にある中村西小学校に四年間勤務しました。学校周辺には、区立美術館、図書館、福祉ケアセンターなどの公共施設があります。また、駅近くの商店街を境に古くからの住宅がある一方、近年はマンション、アパートが徐々に増えてきている状況にあります。そのような中で永年、地元の町会による学校への支援・協力が継続されています。子どもの育ちを学校だけに任せる、ということではなく、地域みんなの眼で温かく見守り、育てていこう、とする機運が根づいています。ＰＴＡも地域行事に対して、町会と協力しながら進めていく体制が図られており、さまざまな行事について分担して、参加・協力してきました。

子どもたちにとって、魅力ある地域行事があることは、地域への愛着心を高めるとともに地域に住むおとなたちとの触れ合いを深めていくまたとない機会となっています。特に、地域行事が休日に行われることが多いということは、子どもの生活を豊かなものにしていく契機になっていると思います。「いろいろな地域行事があるから楽しい」といった声が子どもから出るのもうなずけます。

2　百人一首カルタ会

一月の休日に学校の場を利用して、町会の方たちが子どもたちのために実施する行事です。ＰＴＡのお母さん方も参加・協力し、子どもと関わっていただいております。参加する子どもを低学年、高学年別のグループに分け、取ったカルタの枚数を点数化して、ゲームの楽しさを味わいます。今の子どもは、百人一首など興味を示さないのでは、と思われがちですが、決してそうではありません。上の句を詠むやいなや、すぐさまカルタを取る子どもがめずらしくないことからわかるように、意欲的です。わが国古来からの伝統的な遊びのもつおもしろさを体験することは、たいへん意義のあることであると考えます。この行事が三〇年間続いてきたということは、ひとえに地元の方々の熱意によるものであるといってよいでしょう。ゲーム終了後、家庭科室でお汁粉をみんなでいただくのも楽しみの一つになっています。

今の子どもは、人との関わりが薄く、苦手な傾向が見られる、とよく指摘されていますが、このような遊びは、子ども同士はもちろん、家族の触れ合い、といった観点からも、もっと見直されてよいのではないか、と感じます。

3　キャンプファイヤー

夏休みに校庭を使って行う行事です。町会、ＰＴＡ、青少年育成地区委員会などがお互いに協力し合いながら、永年続いてきております。地元消防分団の方たちからも全面的な協力をいただき、安全にも十分配慮されています。単に、キャンプファイヤーを楽しむだけでなく、ジュニアリーダーの経験のある若者が子どもたちにゲームを教えるなどの工夫がなされています。さらに飯盒を子どもが炊き、カレーライスをつくって食べます。それぞれの飯盒グループには、ＰＴＡのお母さん方がつき、指導・助言をします。飯盒炊さんの経験がないお母さんもおられることもあり、事前の「講習」を地元町会の方が中心となってやっていただいております。暑い中、煙が目にしみるなどと言いながら、どのお母さん方も一生懸命講習に参加します。こうした地道な陰の努力に支えられ、その成果が子どもに還元されている、と思います。

この行事の特徴は、子どももおとなも共に参加でき、楽しめる、という点です。私が子どもの頃は、まだまだ娯楽の乏しい時でしたから、学校が中心となって夏休みに校庭で映画会が行われたこともありました。校庭にスクリーンが張られ、ござの上で鑑賞した思い出が残っています。夏の夜、家族一緒に火の周りを囲んで、催しに参加する、という経験はなかなか得難いものであるといえないでしょうか。夜、火が勢いよく燃え上がるのを直に見ることができる体験は、さまざまな娯楽が発達している今日であるからこそ、新鮮な感動を覚えるものがあります。めらめらと燃え盛る火を見た瞬間、何か神秘的な思いを味わうのは私だけでしょうか。自然のもつ素朴さと出会う体験をもっと子どもに味わわせることも必要であると思います。

４　敬老会への参加

学校の体育館において、地元のお年寄りの方を招待し、芸能的な催しを行う行事です。これは、町会が主催しています。民謡や踊り、コーラスなどを舞台上で披露することによってお年寄りを慰労する趣旨で毎年、実施されています。

ある時、町会の方から、ぜひ本校の子どもに出演してほしい、といった依頼を受けました。日曜日である、また、学校行事とは異なる、といった条件がありましたが、子どもがこうした地域行事に参加することで、地域の方との触れ合いが深まると同時にお年寄りに対する思いやりの気持ちを育てていくうえでも有意義なことであると考え、協力させていただくことにしました。

有志の子どもを募るお知らせを保護者に配布したり、全校朝会を使って、全校の子どもたちに呼びかけたりすることを行った結果、何人かの子どもが積極的に応募してくれました。また、本校で音楽クラブが新たに発足したのを機会に、音楽教師の協力の下に、音楽クラブが当日、合奏を披露し、好評を博しました。出演の条件、制約は特にないため、演技種目は多彩なものとなりました。縄跳び、日本舞踊、笛の合奏、物まねなど自分の得意とするものが大部分を占めていました。お年寄りの方々にとって、子どもたちの演技は「新鮮」なものと映ったようで、子どもが参加してよかったとあらためて実感しました。

この敬老会への協力を通じて感じたことを以下、述べてみます。

●地域との協力の意義を学校として十分に理解し、教員にはたらきかけていくこと。
●地域から支援していただくことにとどまらないで、学校が地域になんらかのかたちで貢献していくように教育課程編成の際に工夫をしていくこと。↓受け身の立場から能動的・主体的立場への転換へ

5　おわりに――子どもの「要《い》場所づくり」に向けて

子どもは、本来的にダイナミックな存在であり、活動欲求を持っています。子ども自身のエネルギーを地域に向け、発揮させていく努力と工夫が今、特に求められているのではないでしょうか。その基礎を培うことが社会性のある人間を育てていく道につながると考えます。

栗川　明夫

❸ 子どもたちが地域で活躍する学校づくり
――生徒の「要《い》場所」づくりをめざして

1　子どもを取りまく現状

①　今の子どもたちの姿

窓越しに眺める晴れた日の放課後の校庭。その校庭一杯に野球部やサッカー部そしてソフトテニス部などの子どもたちが明るく大きな声を出して仲間と練習に汗を流している。この光景を眺めていると、社会の急速な変化の中で、いじめや不登校、非行等居場所を失って心の漂流をしている多くの若者と眼下の生徒たちが同じ世代に居るということが信じがたい気持ちである。

ところで、周りからいろいろと批判されたり、足りないところを指摘される今の中学生であるが、目の前の生徒の様子と過去の生徒と比べてみると、一般に今の子は人見知りや物怖じしない子が多い。また、芸術性やファ

ッションセンスも良く、場合によってはおとなよりも情報量が多い。さらにＩＴ機器を巧みに使いこなし、メカにも強い。その一方で少子化や核家族化の影響なのか、多様な仲間と幼児のころから積極的に群れ遊ぶ経験が少なく、リーダーになる子どもは少ない。そして人間関係を構築する力が育ちにくく、コミュニケーション能力の弱い子が多い。さらに社会体験不足も加わり、他者への共感性が不足し、それが社会性の欠如にもつながっていると思う。しかし、多くの明るく素直な子どもたちの姿を見ていると、これからの学校教育と社会教育が望ましい連携・協働を行い、これらの弱点を補いつつ地域社会の担い手としての意欲や能力を育てていきたいと考える。

②　今の地域の姿（都市部では）

「地域社会」の沿革・歴史や地域性はそれまでの多様な要素の影響を受けており、まさしく多様で画一的に論じるわけにはいかない。しかしそれを前提にして、あえて比較的都市部の地域社会をみると、人口の流出入が激しい地域社会では、地域のアイデンティティー確立は難しい状況にあり、そんな中では、地域への愛着度が弱く、地域社会への参加意欲も生まれにくい。その結果、地域への無関心層が広がり、地域の教育力の低下につながっていくことになる。都市化の一つの現象であろうか。町会主催の催し物をみても主催者側に比較的年配者が多く、中高生の参加は少ないという現状がある。地区の行事にも、幼児とその親が多く参加するが、中高生の参加は多くない。しかも主催者側に協働者として中高生が加わることは少ない。中高生を引きつける何かが欠けているのであろうか。しかし一方で、子どもの健全育成をめざした青少年育成地区委員会や青少年委員の方々の意欲は強く活動は活発である。地域社会の将来を担う地域の「宝」である子どもたちにどうすれば地域への関心を持たせ、高めることができるか今後の課題は大きい。

③　学校（生徒）と地域社会

本校では、いわゆる部活動への加入は自由であるが、約八割から九割の生徒が現在部活動に参加している。嬉々として部活動に参加するのは教育的効果も高く、望ましいことではある。しかし、地域行事などへの参加との関係でみると、特に運動部などでは土日にも練習や試合があり、どうしても生徒は学校と自宅を行き来する生活が多くなる。また夜には塾や習い事をしている生徒が増え、おのずと地域社会とは疎遠になっていく。しかも進学熱がそれに輪をかけているようだ。つまるところ生徒にとって地域社会との接触は少なく、地域への関心度は低下している。

反面、古くから住んでいる地域の人たちは、各種の育成活動を通し、学校の教育活動や生徒との触れ合い、連携に関心が高い。「居場所」としての地域のあり方から考えると、このような状況でいいのか。地域社会で中高生が主体的に活動する「場」や余地はないのだろうか。子どもの「居場所」づくりの一つとして何かできないだろうかとの思いが強くなっていく。

地域は子どもにとっての生きた教材であり、体験的学習の場所であり、かつ社会性育成の貴重な「場」であろう。思うに都市とはいえ、多くの子どもたちにとってそこは紛れもなくふるさとである。

2　学校は今何ができるか

①　一つの試みをめざして

練馬区教育委員会生涯学習部で、平成一四（二〇〇二）年度に地域教育力の活性化に向けて「練馬区地域教育力・体験活動推進協議会」（以下協議会）が設置され、モデル事業を実施することになった。「ねりま遊遊スクール」事業の一環として行い、しかも子どもたちが企画・運営に積極的に加わることを大きなねらいとした。従来、地域内で行われる事業はややもすると、おとなたちが提供する「場」に子どもたちが単なる参加者となっている場合が多い。しかし、この事業は、子どもたち自身がおとなたちと協働しながら地域に役立つ事業を経験させようというものである。子どもたちが（社会奉仕的）な体験活動を通して、地域に役立つことの喜びを感じたり、自信をもったり、より良い地域を創ろうとする意識を高めたりすることをねらいとした。そしてこのことが子どもたちの自主性や社会性、豊かな人間性を育成するための一つの実践だと考えた。

② 事業を実践するためのねらい

① 子どもの「居場所」づくりをめざす。しかし、その「場」は「居場所」より「要場所」に求めたい。
② 体験を通して、子どもに達成感をもたせたい。
③ 自己に有用感をもたせたい。人のためになっている、人から必要とされている等人に感動を与える喜びを体験させたい。
④ 今特に不足が指摘されているコミュニケーションの力の育成を図りたい。
⑤ 子ども自身の生活の中に無理なく組み込める活動で、かつ継続可能なものであること。

以上のねらいが充たされるものを模索した。

3 実践に向けて――「読み聞かせの会」と「バレーボールに親しもう」

① 具体的実践へ

学校が地域と連携し、しかも事業の企画・運営面で学校（特に生徒）が積極的にかかわることができ、かつすでに進行している授業計画や教育課程を無理に変更することなく実施できるものがないかを探った。幸いなことに、本校では部活動が盛んでありそれがうまく活用できればと考え、運動部・文化部の両顧問に情報を流すとともに積極的に事業の趣旨を話し、子どもの健全育成への重要性を説いた。

② **実践例1：演劇部が地域の児童館と協働企画・運営する「読み聞かせの会」**

本校の演劇部は、日頃活発に活動をしており、また区内の連合演劇大会や、都の発表会でも高い評価を受けている。部員も十数名おり活動に意欲的である。しかし、一方では校庭で練習などをする運動部と異なり、演劇部は室内練習であり、その活動はなかなか外部の者にはなじみが薄く、それだけにPR効果が弱い。生徒たちの活動意欲を喚起するためにも是非多くの機会に演劇部の活動を公開したいとの思いも背景にあった。

『「読み聞かせ」ならチャレンジできそう！』との思いがあり、顧問と外部コーチに働きかけ実施にこぎつけた。他方児童館との連携については日頃何か連携事業ができないかと双方で模索していたところであり、了解をとりやすい状況にあった。

① 第一回読み聞かせの実施

日時・場所：平成一六年七月三日（土）午前一〇時より　石神井台児童館

来館者：当該児童館に来館する近隣の園児や児童と保護者。

以後毎回二〇〜三〇名の園児・児童が参加した。

② 第二回目の実施

日時・場所：平成一六年九月一一日（土）　石神井台児童館

③ 第三回目の実施

日時・場所：平成一七年一月二九日（土）　石神井台児童館

演劇部員による読み聞かせの会

公演時間は、初回は約一時間を設定していたが、聞き手の児童たちの集中持続時間を考え、二回以降は四〇分程度に縮めた。また、絵本も大型絵本を近くの図書館から借り、絵本の内容に合わせて、読み手の衣装を変えるなど児童の興味・関心を高める工夫を行った。とりわけ、第三回目に演じたロシア民話の「おおきなかぶ」では、登場する人物はもちろん、カブやイヌ、ネコ、ネズミも生徒が衣装を工夫し、臨場感をだした。

③　実践事例２：「バレーボールに親しもう」（女子バレーボール部との交流体験）

雨天の場合の実施も考慮に入れ、主に室内で行う部活動に当事業の参加を呼びかけた。活動場所や日時、準備等の関係から女子バレーボール部が主体となって実施することになった。もともと地域にはスポーツ好きの子どもたちは多い。中でもインドアスポーツのバレーボールはなじみやすい。多くの中学校でも地域の小学生を相手に体験入部や交流の一環としてこのような事業は実施されている。中学生も、「教えながら自ら学ぶ」という貴重な体験ができ、実施への関心は高い。交流当日は、小学生の保護者も多く来校し、交流の様子を見学していた。

①　第一回交流体験の実施
日時・場所：平成一六年七月一七日（土）一〇時より　本校体育館
交流体験者：区内の小学生。約三八名

②　第二回目の実施
日時・場所：平成一六年一二月一九日（土）一三時より。約三四名参加

バレーボール部員による交流体験

③　第三回目の実施
日時・場所：平成一七年三月一二日（土）一〇時より。約二三名参加

4　事業を実施しての考察と課題

このモデル事業は、異年齢の子ども同士の活動や自分が他の人々から必要とされる経験をし、おとなからプラスの評価を受けることが子どもたちの成長・発達に有効であることを検証することであった。回を重ねるごとに、中学生は興味を持ち、積極的に活動に取り組んだ。以下に中学生の感想を載せる。

①（読み聞かせを行った）生徒の感想より

――私にとって読み聞かせるという経験は（過去に）小さな弟に少しやってあげただけで、ほとんど何も分かりませんでした。まず、絵本を選ぶというのが最初の山でした。小学校低学年の喜びそうな本っていったい何なんだろう？とにかく（自分のそのころの）記憶が曖昧でしたから、私たちはお互いに持ち寄った絵本を読みあいました。人の（読むの）を聴いていると、これが結構面白くて意外と読み聞かせてもらうのはどんな年齢になっても面白いんだということが分かりました。そして、いざ読んでみるとこれがまた難しい。劇とはまた違った感じのもので最初は戸惑いさえ覚えました。それでも何とか「会」までこぎつけたのです。でもやはり子どもはお人形じゃありませんから、おとなしく聴いてくれるわけではありません。つまらないと思ったら聴くのをやめてどこかへ行ってしまうし、その時思ったことをズバッと言われて多少傷つきもしました。それでも真剣に聴いてくれると、本当にうれしくなります。実際に読み聞かせているのはほんのわずかな時間ですが、それよりも練習の時間の方が長いです。いくら子ども相手でもちゃんとしたものを見てもらいたいからです。当日の時間の流れや絵本を読む順番、劇仕立てにしてみたりと、できる工夫はやっています。こうして活動を行っていくにつれて、

様々な知識や経験を身につけていっているような気がします。また読み聞かせというものは子どもにとっても大人にとってもいいものです。その絵本を素直に楽しんでもらえたらいいと思います。私たちだけでなく、地域の方々にも積極的に行ってほしいです。「どんなふうに読めば？」と悩むことはありません。自然に読んでください。でもちょっと明るく読む方がいいかも。とりあえず読み聞かせは、読む側も聴く側もとても面白いので、おうちなどでもやってほしいと思います。（二年女子）

――読み聞かせの会をやって、変わったことは、子どもに対する接し方です。私には小一の弟がいますが、その弟に絵本を読ませる事はありませんでした。……この会で学んだことは、小さい子どもにはどういうふうに本を読み聞かせるか。ゆっくり読むとか、絵が見える角度とかを考えることが勉強になりました。最近の子どもたちはゲームとかをやって、あまり本を読まないから本の楽しさを伝えられることがいいと思います。（一年女子）

――初めて読み聞かせをやった時は、小さい子どもたちが嫌でちっとも聴かない子とか、ゲームをやっている子とか居たけど、二回目になって、小さい子どもが、「どんな本を読みたいのだろう」と考えるようになってきて、二回目以降はかなりいい感じでできたと思う。……それにあんなにさわがしかった小さい子どもたちがだんだんとかわいくなってきて、小さい子が好きになりました。（一年女子）

その他の感想には、「この読み聞かせの会を続けていきたいと」考えている生徒が多く、さらに「自分が前より優しくなれたんじゃないかと思います」との感想も聞かれた。

② 中学生の活動の様子や感想などから、以下のことが検証できた

① 中学生はこのような活動に意欲的になる

② 園児や児童との触れ合いは中学生にとって意義がある

③ 他の人から「必要とされる」経験を持つ意義は大きい

④　中学生にもなれば、自分たちで反省、評価し企画や工夫ができる

③　今後実施していく場合の留意点として

①　地域の中学校と児童館や図書館との実効性ある連携……児童館では運営委員会等を設け、委員には地域の小中学校長など日頃から健全育成にかかわっている人たちが参加している。その中で、今回の連携事業についても話し合ってきた、このような連携システムの構築が必要である。

②　部活動の成果の地域への還元……どの部活動も同様であるが、演劇部も女子バレーボール部も日頃は保護者や地域の人々に支えられて活動している。そこで部活動で手に入れたものを地域へ還元する姿勢も大切なことであり、地域への関わりを生かして子どもたちの「要場所」づくりが可能となる。

③　地域のおとなたちによる支援……女子バレーボールの交流会には、地域のおとなたちも延べ一〇名以上の方が引率を引き受けてくれたり、活動の安全管理に協力をしてくれた。

また「読み聞かせの会」では、熱心に絵本に聴き入る我が子を見て感動し、児童の親の多くが「子どもは身を乗り出して聞いていた。また聞きたいので実施してほしい」など、この事業の継続を希望しており、今後の支援が期待できる。

④　区の事業との連携……練馬区では、生涯学習部において従来より、「ねりま遊遊スクール」事業が推進されており、多くの事業活動が展開され、予算措置もされている。今回の企画も中学生が主体となって地域で行う「子どもによる講座づくり」の一つを活用した。

また、平成一五（二〇〇三）年度に「練馬区子ども読書活動推進計画」を策定し、その中でボランティアの育成や活用を積極的に進めている状況にある。そのような事業と連携していくことで子どもの「要場所」づくりへの支援が受けやすいと考える。

④　今後の主な課題として，次のことが考えられる

①　児童の興味・関心を持続させ，かつ高めるために活動内容の見直しや評価方法の研究推進
②　地域的な広がりを進めていくための方策の研究（他の機関との幅広い連携）
③　活動を支えるおとなたちの連携や協力のシステムづくり
④　事故防止と事故発生対応へのシステムづくり（危機管理体制の構築）

5　これからの地域

現在の地域社会では，少子化，核家族化などにより，人間関係の希薄化がすすみ，かつてあった地域の人々との多くの触れ合いの機会や，子ども同士が広場で群れ遊ぶという光景が減少した。したがって子どもたちが，地域社会の中で生活しながら社会性を身につけるという機会がほとんど失われてしまったといえる。それは地域の教育力の低下に直接につながっている。

「心の東京革命」教育推進プランでは，地域で健全育成を推進するためには，家庭外で子どもたちが安心して安全に過ごすことのできる居場所を用意するなど環境づくりの必要性を提言している。だが，これを一歩進めて，子どもたちが地域や社会のために意欲的，積極的に何かを為すことによって喜びを感じるそのような気持ちを自然にもてるような環境（「要場所」）をつくることが急務であると考える。

最後に地域と連携して（生徒が主体的に）関われる事業の主な例を掲げる。

おおきなかぶスナップ

①　今回の実施の「読み聞かせの会」などの社会奉仕活動や「女子バレーボール交流会」等の部活動を活用した交流活動
②　地域の大人と協働で行う「地域清掃」等のまちづくり推進の奉仕活動
③　本校が実施している「親父の会」と生徒有志との協働による地域行事への参加や地域音楽祭の企画・運営への参加等、文化・芸術の振興を図る活動
④　近くの河川や公園など自然を生かした活動

高辻　惇

第４章　未来に向かって地域の宝物の発掘を

❶ はじめに企画ありき
——おとなも子どもも　ニコニコ　モクモク　ドキドキ　ドミノ祭

練馬区地域教育力・体験活動推進協議会では、平成一四（二〇〇二）年度から三年間に亘り、練馬区の子どもたちが健やかにイキイキと育つお手伝いをするために、区として何ができるかを模索、検討してきました。そして、一年目には「活きいき、ワクワク、ふるさとねりま」というテーマを、二年目には「居場所づくりから要場所づくりへ」というコンセプトを見つけ出し、三年目は、具体化の年として、モデル地域を設定し、実験的イベントを通して、その成果の一端を確認してきました。

本企画「活きいき、ワクワク、ふるさとねりま」ドミノ祭（仮称）は、その二年目の具体案づくりの中で提案し、委員全員の賛同を得て、モデルケースとして実施した企画です。この企画・企画立案の過程を紹介することが、今後の行政やボランティア団体等の委員会や協議会における具体案策定の一助になれば幸いです。

①　まず、本協議会で二年間に亘り、議論、検討されてきたことを整理することから始めました。

行　政
・セクト意識の目立つ行政
・理想論を言いっぱなしの行政
・事なかれ主義の行政
・連携意識に欠ける行政

学　　校
・井の中の蛙的学校、教員
・受験戦争に懸命な学校
・個性教育に苦労する学校
・教員の教育に苦労する学校
・生き残りに必死な学校
・外部との連携意識に欠ける学校
・忙しすぎる教員
・ＰＴＡに押され気味の学校

クラブ（サークル）
・セクト意識の目立つクラブ
・生き残り（人員獲得）に必死のクラブ
・井の中の蛙的クラブ
・他クラブとの連携意識に欠けるクラブ
・建て前と本音（目的意識）の見えないクラブ

家　　庭
・子どもの教育を忘れた家庭
・子どもの教育法が解らない家庭
・家族のコミュニケーションに欠ける家庭
・家族に手いっぱいの家庭
・親の権威の失墜した家庭
・家庭外との連携意識に欠ける家庭
・建て前の個性尊重の家庭
・親は親、子は子的家庭

子　ど　も
・利己中心の子どもたち
・集団活動の不得手な子どもたち
・マニアックな子どもたち
・競争を忘れた子どもたち
・思いやりを忘れた子どもたち
・感動を忘れた子どもたち
・受験に追われる子どもたち
・連携意識、仲間意識に欠ける子どもたち

これらの課題の中から「キーワード」をピックアップし、考察することにより、「様々な境界線を除去し、相互発展（発達）することが重要」という切口を設定しました。

② 次に①の切口に加えて子どもたちをとりまく環境を考察することにより、「それぞれの関係の中で、エゴ、セクト意識をなくし、境界線を取り除き、相互教育、相互理解をした上で、そこに生まれる連携、連帯感、一体感こそが相互発展（発達）への近道」ということを本企画の基本概念として確認しました。

③ ①②を踏まえてのイベント企画とは……？

④ 具体的な開催要領としては（例えば）

a．五～七人で一チーム（並べるドミノ：二〇〇〇～三〇〇〇個）

↓学校単位、クラブ単位、町村単位、仲間単位、家族単位で自由に参加可能。

（ただし、一チーム大人二名の参加を必須とする）

b．三〇チーム限定

↓越える応募があった場合、それぞれに「我がチームのドミノ自慢」リレー作文を申し込み時に提出。選考の上、決定。

キーワード

・セクト⇒エゴ
・連携
→ 境界線の除去

・個性
・井の中の蛙
・生き残り
・建て前
・受験
→ 相互教育
相互理解

境界線の除去／相互教育・相互理解 → 境界線を除去し
相互発展（発達）

私	⇔	個	⇔	集　団	⇔	全　体
幼　児	⇔	少　年	⇔	青　年	⇔	成人（大人）
家　庭	⇔	村	⇔	町	⇔	市（区）
家　庭	⇔	学　校	⇔	クラブ	⇔	社　会
家　族	⇔	友　達	⇔	仲　間	⇔	社　会

先の大きな垣根を乗り越えて
「活き活き、ワクワク、ふるさとねりま」感覚を
味わえるイベントとは？
しかも、他の区と差別化できるイベントとは？

遊び感覚の必要性

単なるお祭り、スポーツ大会、展覧会、展示会
等との差別化

大人から子どもまで……家族で、仲間で、学校で
クラブで……どこからでも参加でき、楽しく面白い
遊び感覚のイベント素材とは……？
コミュニケーションや工夫が必要で、皆で力を合わせ、
感動まで到達できる
遊び感覚のイベント素材とは……？

ユニークさの必要性

テレビ番組の企画が大部分
町村、区、県等の独立企画は行われていない

それが、**ドミノ倒し**です！

この**ドミノ倒し**
先の「エゴ・セクト」意識をなくし、境界線を取り除き、相互教育、相互理解をした上で、そこに生まれる連帯感、一体感により、相互発展（発達）に促そうという本企画の基本概念にピッタリなイベント企画と言えます。

将来的には

今回のモデルケースでは無理かはと思われますが、一〇年後（五年後）には**ギネスに挑戦**などと銘打って**区民の有志全員がチャレンジする区の一大イベント**にも発展可能です。

c．朝九時集合～一八時位までの丸一日行事。
↓九時～一六時（作成作業）。一六時三〇分～ドミノ倒しスタート。
一七時終了。一八時～審査、表彰式など。
片づけ作業まで含めると一九時頃解散か？

d．審査方法は　①全て倒せるかどうか？（おそらく四～五チーム）
②アイデアはどうか？
③チームワークはどうか？
↓を総合的に評価。

e．予算：七〇万円
↓内訳／直接経費：レンタル代@五円×三〇〇〇個×三〇チーム⇑四五万円
スタッフ費：@一五〇〇〇円×一〇人⇑一五万円
弁当代、運送代、看板代等雑費⇑一〇万円

出来れば同時に区主催の書道展、絵画展を開催。会場、ロビー等に展示しそんな雰囲気の中でドミノ祭を実施できれば、盛り上がること必須！
区長賞、教育委員長賞、区議会議長賞……等々をそれぞれに設けて……。

以上が本イベント企画立案の過程と企画案の概要です。

次にドミノとはどのようなものか？ドミノ並べとは？モデルケースとしてドミノ並べを実施してどうだったのか？等について見ていきたいと思います。

野田　慶人

1　ドミノとは?

ドミノは、マージャンの本場、中国で紀元前三世紀頃、その原形があったようですが、そのルーツは明らかになっていません。しかし、一八五〇年頃の記録に、カード式ゲームと取捨融合したゲームとしてドミノは存在したようです。その後、ドミノは、紙から骨や象牙を使用した骨牌となって欧州に伝播し、高貴な人々のゲームとして扱われていくことになります。しかし、時代の流れとともに、階級を問わないゲームとなり、その牌も安価な黒く塗られた木製が使われることで、より一般的なゲームとして普及していくことになりました。現在のドミノは、縦四五㎜横二三㎜厚さ八㎜をドミノ牌と称し、素材にはプラスチックもしくは木製を材料として使っていますが、日本ではその多くは本来のゲームを目的としたものではなく、ドミノ並べのために使用される牌として販売されています。

では、本来のドミノゲームとはどのようなものなのか?そして、どうして日本ではドミノ並べが主流になったのかを述べてみたいと思います。

ドミノ

①　ドミノゲーム

欧州にゲームとして伝播したドミノゲームは、まずイタリアで大流行した後、イギリスへとブームは流れ、今日に至ったと言われています。今では世界的な代表的なゲームとなりましたが、とくにラテン系の国ではゲームの王様的な位置を占めています。しかし、現在日本では、「ドミノ」といえば「ドミノ倒し」のことであり、本来のゲームとして使用されることはなくなりました。

ここで、本来のドミノゲームとは、至ってシンプルなゲームですので、簡単に説明しておきます。持ち牌五枚から始まり、数字のある面を表に置き、手持ちの牌と同じ数字があれば、その数字の横の面につなげ、最初に持ち牌がなくなった人が勝者となり終了になります（ゲームの詳細は、インターネットを参照していただければ良いと思います）。

しかし、簡単なゲームとは言え、当初、貴族のゲームであったため、非常にギャンブル性が高く、庶民のゲームになっても子どもたちの参加は許されず、その傍で見ているにすぎなかったのです。そこで、その子どもたちがおとなたちの傍らで暇をもてあそび、余ったドミノ牌を倒して遊んだのがドミノ倒しの発端になったようです。日本では、将棋倒しと言われていますが、将棋は駒の大きさが違うのに対し、ドミノ牌はすべて同じ大きさであったため、幼少の子どもたちまでが参加できる遊びとなり、ここまで盛んに行われるドミノ並べになったのだと思われます。

②　ドミノ倒し（ドミノ並べ）の歴史

ドミノ並べの歴史は、約三〇年にすぎず、その発端は、一九七八年、アメリカ人一人がドミノ牌一四万七〇〇〇個を立てて記録に挑んだのが最初です。しかし、身を乗り出した報道記者の胸ポケットからボールペンが落ち、九万七五〇〇個で記録が止まるというハプニングが生じてしまい、そのまま記録として残されたのが、最初のドミノ倒しの記録になりました。その後、多くの挑戦者が記録に挑戦をしますが、個人としては一九八四年、日本人が三七万六四一四個を倒したのが記録として残り、現在に到っています。

その後、記録に向けての挑戦は、個人から団体へと移行し、数への挑戦に拍車がかかることになります。この挑戦にはイギリス・オランダ・日本・アメリカとさまざまな国の人々が参加し、記録を塗り替え続けながら現在に至っています。もちろん、ギネスブックにもその記録は認定されており、現在、二〇〇一年一一月　オランダの有志によってつくられた三五四万五六二個がギネス記録になっています。

③　日本でのドミノ並べ

日本でのドミノ並べは、先述の個人による三七万六四一四個のドミノ倒しにはじまり、さまざまな団体が挑戦し、記録を塗り替えてきました。そして、二〇〇〇年一月一日（日本時間）中国北京において、日本人と中国人の合同によるドミノ倒しで二七五万一五一八個（ギネス公認）という記録を打ち立てましたが、先のオランダに記録を塗り替えられることになってしまいました。何れその記録も未知への挑戦を望む人々によって塗り替えられることになることは間違いありません。

もちろん、それらの挑戦の中には、単にギネスの記録への挑戦だけでなく、町おこしのイベントや学園祭等で、自分たちが定めた目標への挑戦として取り組んでいる「ドミノ並べ」も含まれています。この日本でのさまざまな記録への挑戦は、ご存知の通りテレビ局が注目し、特別番組化されました。その番組に、私たちドミノ並べ経験者は、スタッフとして協力し、その中で言葉で書き切れないほどのさまざまな感動を体験することになります。それは、ドミノが途中で止まった悔しさ、ゴールまで達した喜びはもちろんのこと、それに費やした時間中にあったさまざまな出来事に対する感動であり、それらを現代社会の中で忘れられかけているものだと感じ、ドミノ並べを通して伝え続けたいと思うようになりました。そして、伝え続けるにはどうしたら良いかがわれわれの課題として残ったのです。

④　ＮＰＯ法人ドミノ協会設立

ドミノ並べが日本で行われてから一〇年近く経過した頃、視聴者からドミノ並べを個人的にやってみたいという問合せが頻繁に入ってくるようになってきました。当初、われわれは任意団体として、ドミノ並べの指導に協力をしてきましたが、ドミノ牌を持ち合わせていなかったため、慈善事業の主催者には、ドミノのレンタル代が金銭的負担となり、その解決方法について相談を持ちかけられることが多かったのです。主催者の主とするところは、ドミノ並べを通し、その場所で繰り広げられる感動を感じさせ、現在希薄になっている人間性を伝えたいというボランティア活動です。「ドミノのレンタル代は負担が重く、それを抑えなければ活動が難しい。」その条件をいかに軽減し、どのように主催者の思いを実現させるかが、われわれ任意団体の問題点であり、法人の設立へのきっかけとなりました。過去にドミノ並べに参加してきたメンバーの有志が、話し合いを行い、法人の設立を決め、二〇〇一年に「NPO法人ドミノ協会」を立ち上げ、現在の活動に至っています。

⑤　ドミノ並べで私たちが感じたこと、そして、伝えたいこと

ドミノ並べは、誰にでも出来る単純な遊びであり、勝敗、争い、差別など人間性を損なうものではなく、ただ、ひたすら自分との見つめ合いを続けられる奥深いゲームです。言い換えれば、ゲームというジャンルに縛られることなく、人間性を養うことのできる現実社会の模擬体験をできるものと言ってもいいでしょう。

今日、子ども社会も、われわれおとなの社会も、争いがつきまとっていると言っても過言でありません。人と人のコミュニケーションが不足し、人間関係の中に自分の居場所を見つけることができなくなっているのではないでしょうか？　そこで、われわれ「NPO法人　ドミノ協会」は、ドミノ並べというごく単純な作業から、こどもたちに自分の居場所を感じさせ、そこに存在感を感じさせることによって、その場所が要場所へと変化し、自分の必要性を感じることができるようにしたいという思いから設立しました。そして、そのような環境をつくるにあたって、主催者側の金銭面負担を少しでも軽減するためには、私たちの技術力の提供が最善の方法と考えたのです。今までに、ドミノ並べを経験した方々から言葉では語り尽くすことができないほどの評価をいただきました。並べて初めて感じる感動。それがドミノ並べの魅力と言っても過言ではありません。

当初、ドミノ並べが注目され、特別番組として放映され始めた時期は、バラエティー番組の延長にすぎず、私たちは指導スタッフとしての協力でしかありませんでした。しかし、回を増すごとに「並べて倒す」という単純

なイベント性を超えて、協調性・創造力・集中力・感動など社会的に損なわれてはいけないものが、その作業の中から導き出されてきていることをスタッフ一同が感じるようになってきたのです。

最初は日本人だけによるギネスへの挑戦も、回を追うごとにさまざまなイベントへと発展し、さらには外国人との合同による挑戦へと向かいますが、そこに導き出される結果も言うまでもなく、過去にわれわれが感じることができたものと同じものであり、法人設立のための準備としてその方向性は間違っていなかったことを証明することになりました。外国人との合同の際には、言語、生活環境などさまざまな問題が生じます。特に、言葉は大きな壁であり、お互いに感情を伝えることができずに苦しい思いをします。しかし、ドミノ並べにおいては、グループの中に一つの社会が形成され、グループ独自のコミュニケーションによって、そのグループの中に自分の居場所を作り上げていくことになります。それは、体験学習と同様の方法で学べ、参加者の行動にはっきりと現れてきました。ひいては、視聴者である第三者にも同様の感動を伝えることができると同時に、現代社会においてそのような感動が希薄であることを知らされる結果になるのです。この事実は、番組を終える度にくる私たちへの問い合わせに、教育関係者からの問合せが多くなってきたことからも感じられました。その問合せの多くは、ドミノ並べを通してテレビ同様の感動や人とのコミュニケーションを現在の子どもたちに伝え教えたいという内容であり、また、ドミノ並べを体験した方々からは、感動以上のものを子どもたちに身につけさせることができたという貴重な意見だったのです。

そんな折、私の職場である日本大学芸術学部の野田教授を接点に練馬区地域教育力・体験活動推進協議会を紹介していただくことになり、今回のモデル事業への協力が実現しました。ドミノ並べを即座に子どもたちの要場所づくりへと企画として取り上げるのは、冒険だったかも知れません。なぜなら、ドミノ並べをそのような目的で実施した例は何処にもなかったからです。もちろん、われわれも今回のような形での参加は初めてでした。しかしながら、打ち合せをしていく中で、われわれの協会の趣旨が理解され、推進協議会が望む「要場所づくり」

の提案と私たちのドミノ協会の活動方針が相互に融合したことが、今回のモデル事業の一環であった「小学生から高齢者までの異世代交流活動ドミノ大会」を実現させたのです。

2　企画の実施にあたって

推進協議会の三年間にも及ぶ検討の成果は、モデル事業の成功であり、われわれドミノ協会はそれに協力させていただくことに大変な責務を感じていましたが、と同時に結果が出せると信じてもいました。その理由は、ドミノ並べとはすべてを倒すことだけの意味ではないことをご理解いただけると思ったからです。ドミノ並べとは、その並べる過程の中で、そこに参加した幼児から高齢者の方々が個々に自分の要場所を見つけるものだからです。

①　はじめに

このような企画の中でまず初めに行うべきことは、主催者にドミノを実際に触れてもらうことです。ドミノ並べには、われわれが言葉で説明しても理解できない奥深い感動があります。自らが体験し、その感動を感じることによって、われわれが推薦する理由が理解できるのです。ドミノ並べは、集中力、達成感、協調性など社会生活の中で必要なものが学習できます。現在の子どもたちにとって、とても大切なものを学ぶことができるのです。そのうえ、ドミノを一つずつ並べていくという至ってシンプルなゲームですから、子どもから高齢者までが参加でき、おとなと子どもを繋ぐ掛け橋にもなるはずです。また、障害のある方でも参加できるため、相手へのいたわりなど日常的に怠っていることに目を向けることができ、一つのイベント性を保ちながらさまざまな社会経験をも体験できます。

② 創造力

ドミノは並べるだけではなく、さまざまな仕掛けによってそのイベント性を高めることができます。しかし、大掛かりな仕掛けを作るには専門的知識や作業が必要で経費面においても負担をかけるおそれがありますので、その規模等は事前に充分な打合せを行わなければなりません。しかし、ドミノ牌だけを使ったデザインでも充分に見ごたえのある作品はできますので、経費をかけずに独自性のある企画を実施したければ、仕掛けを使用しないことをお勧めします。個人個人のデザインやグループでデザインをすることは、創造性や協調性を養ううえで貴重な体験となります。それゆえ、今回のようなケースでは、仕掛けに頼らず家族や友達などのグループ作業によってデザインを考え、デザインに取り組む時間に比重をおくことが重要でした。

ドミノ並べは、湾曲にドミノ牌を並べるだけでもデザイン的には面白いものになります。しかし、今回の企画の趣旨は「子どもたちの要場所づくり」であり、子どもたち自身が並べたいという意志をもつように私たちが導き出すもので、単にドミノを並べるというのではなく、自分たちのドミノ並べと認識してもらうことが必要でした。そこで、区切られたスペースをグループに割当て、その中を自分たちの創造性で埋め尽くすことが最善の方法だと思われました。ある一定のスペースとドミノ牌だけで何ができるかを事前にグループ内で考えることは、創造性を深め、自分の主張だけでなくグループの一人と自覚することにより協調性も学ぶことができ、その空間において自分の要場所を見つけることができるようになります。

③ 協調性

ドミノ並べにおいて協調性は、さまざまなところで感じられるものです。ドミノは自分の場所が出来上がったからといって完成ではありません。全てのデザインを結びつけるドミノを並べ終えてはじめて完成となりますが、時間の経過と共に集中力や精神力の低下が原因で、さまざまなところでドミノは倒れはじめ、完成にはなかなかこぎつけられません。しかし、誰も諦めようとせず、並べ続ける光景が必ずその場にはあります。それは、完成させるという大きな目標から導き出された協調性が、倒れたドミノを並べているすべての人たちに現れてくるからです。

誰もが望む最初の目標は、すべてのドミノを並べることです。その目標は、ドミノ並べに参加しようという意思表明をしたところから始まり、すべてが完成するまで誰もが持ち続けています。その意志が、倒れたドミノを復元しようという意志になります。

ドミノが倒れるのは、牌の量を問わず、そのショックは同じであり、誰もが一度は体験しているためその気持を充分に理解できています。それゆえ、倒してしまった相手を非難することなく、並べ切るという目標に向かって相手を励まし、倒れてしまったドミノの復元には誰もが自然に協力を惜しまない気持になってきます。それは、完成という第一の目標に向かって、年齢層を越え、さまざまな性格の持ち主が成し遂げようとする努力が協調性という形に変化しているということです。それが、お互いの存在性を認識するという結果に結びつき、自分の要場所を確固たる位置に変えていくことになるのです。

④　集中力

ドミノ並べは、並べる数が多ければ多いほど迫力が感じられるため、誰もが少しでも多くのドミノ牌を並べようと努力をします。しかし、僅かな気の緩みがドミノを倒すことになりかねません。集中力がとても大切なゲームです。ところがこのゲームは、子どもからおとなまで、また、障害のある方でも参加できるゲームでもあります。それは非常に単純な作業だからでしょう。並べるのに決められたルールがないことが、誰もが参加できる理由でもあります。並べるだけでゲームは成立するのです。ドミノ牌を並べるには集中力がないとできませんが、短い時間に決められた数を並べたり、より多くのドミノ牌を並べなければいけないというような制約がないため、他人のペースを気にせず自分のペースで並べられ、精神的なストレスを感じることがなく、自然に集中力が養われることになります。

⑤　**緊張感**

ドミノは一個を立てるだけならまったく緊張しません。しかし、立ててあるドミノの隣に次のドミノを並べ、その量がましてくるに従い徐々に緊張感が増してきます。そして、その緊張感の持続が完成へと連動します。しかし、その緊張感は、完成と同時にまったく違った緊張へと変化するという不思議な感覚がドミノ並べには存在します。しかし、不思議なことに並べている人のほとんどが、その緊張が入れ替わったことに気がつきません。すべてを並べ終えたとき、完成という満足感と同時にすべてが倒れてほしいというまったく矛盾する緊張感を持つことになるのです。並べている最中は誰もが倒すまいと緊張していたものが、倒れはじめるとすべてが倒れてほしいという緊張へ自然に移行しているのです。緊張して並べたドミノを行為的に倒し、緊張しながら成功を待つのですから、この矛盾はとても不思議で滑稽なものです。

この二つの違った緊張感は、少なくとも半日以上持続することになり、子どもたちには日頃感じたことのない刺激になることは間違いありません。そのうえ、会場の張りつめた緊張感は、誰もが肌で感じるほど張りつめたもので、これからのさまざまな緊張感の連続に皆がのめり込んでいってしまうのです。

⑥　**希　望**

ドミノ並べは、すべてを並べ終えたところからドミノ倒しへと移行し、緊張感と同時に希望が湧いてきます。最初のドミノを倒す人はもちろんのことその会場にいるすべての人がその指に集中するのは当然のことであり、それはまた、成功という希望を持つことになります。そして、その希望はドミノ牌同士が倒れていく音と目の前を倒れていくドミノによって、大きく膨らんでいくのです。また、自分の並べたデザインだけでなく、すべてが倒れることを期待に胸を膨らませることは言うまでもありませんが、ドミノどうしのあの僅かな力がその大きな結果を生み出すことにより希望は増幅されます。ただ、その希望が必ずしも良い結果を出すとはかぎりません。途中で止まる可能性は一〇〇％に近い一％に相当します。誰もが結果を予測できないのです。

もし、最悪の結果が出たとしても、それは誰の責任でもありません。そして、誰も止まったことを責めることはないでしょう。その理由は、ただ一つ。並べたという一つの目標を終えているからです。言い方を換えれば、並べるという希望を叶えられた瞬間にドミノ並べは次のゲームへと変わってしまい、スタートラインに戻ってしまっているからです。止まるのは誰の責任でもなく、ゲームの結果に過ぎないと誰も思ってしまうからです。それと同時に、いずれ最後まで倒したいという希望が湧いてきます。並べ切ったという一つの目標を達成したからこそ湧いてくるものであり、自然と希望を高めることになっていくのです。

⑦ 感　動

途中でドミノが止まったとしても、われわれはそれがギネスへの挑戦でもないかぎり、手を出してドミノを倒し続けます。それは、すべてが倒れる瞬間の感動を感じさせたいからです。子どもたちは、私たちが指で押したことを気にしません。それは、一時的に止まってしまったと思っても最後の感動に勝るものはないと誰もが感じているからです。もし、途中で止まったままにすれば、その先にある子どもたちの要場所を夢で終わらせてしまうことになりかねません。個々の要場所をどのような方法をとってでも叶えることが重要なことであり、それはゴールまでドミノを倒し続けることでしか実現しないと思うからです。

誰の手助けもなく倒れることが最も感動するのは、当然です。われわれは、ドミノ倒しで何かを得るのではなく、ドミノ並べで得られることの方を重要にするべきことと考えているからなのです。子どもたちが並べた後、われわれはドミノの並びに最善のチェックを行い最高の結果を出すことに努めますが、結果は誰にも予測できません。どちらにしても、最後のドミノ牌が倒れ、今まで響いていた倒れる音が消えた瞬間に大きな感動が感じられるのは言うまでもありません。達成感。そして、そこまでの苦労が、最後のドミノ牌が倒れきったところで思い出されるのです。自分が並べたドミノ牌一つ一つが結果を導いたことを実感し、グループの仲間で喜びを分ち合えるはずです。感動は、さまざまな局面で実感できるものですが、グループでの感動というのは、スポーツのような団体競技に限られます。しかし、これとて一チームの人数は限定されており、誰もが参加するというわけにはいきません。

誰もが参加でき、自由にグループとして集まり、勝敗による格差をつけられることもなく感動を得られるのはドミノ並べしかないと思います。この感動は、自分自身が感じられ、その場所に立ち合えることが利点でもあります。その場所とは、自分が居た場所であり、そこで自分が並べたことによって、自分の存在をアピールできるのです。

⑧　協力して感じたこと

以上のことは、実際にドミノを並べることによって実感できることですが、答申文には、今回のモデルケースの体験談からも理解できると思います。われわれドミノ協会は、今回のモデルケースへの協力を通して、また、その報告書を読ませていただき、大きな前進を感じることができました。それは、われわれがＮＰＯ法人として協会を立ち上げた理由である「現代社会という大きな渦に巻き込まれ、人として忘れかけ始めているさまざまな感情を引き出す」とともに、その感情を育むのに一番大切な時期である幼少期に、ドミノ並べが有効な素材であるということを感じさせることができたからです。そして、会場での参加者であるおとなから子どもまで全員が、子どもに戻ったかのような無邪気さでドミノを並べている姿をみて、今回のモデル事業の協力は協会としても大成功だったと言えると思います。

体験談

ドミノの効用といわれる「年齢に関係なくだれもが参加でき、協調性、創造力、集中力、交渉力を養い、参加者の達成感や感動を共有することのできる」ことは、参加者の感想からも見えてきます。

「子どもが中学生になり、家族で出かけることが少なくなり、何となくバラバラの感じだったが、ドミノ参加のため全員が時間調整をして話し合い、家族が一つになり飽きもせず楽しめた。」（ファミリーチーム）

「不登校がちの生徒が見に来て、いつのまにか一緒に並べ始め、昼食も取らずに集中して最後まで頑張り、最後までドミノが倒れるのを見て感激、翌日からの登校に前向きの意欲を示した。」（小学生チーム）

「当日までの図柄の打合せを通じて、仲間としての連帯感や協力関係が生まれ、本番は相互に倒したり倒されたり、思いやり、耐えることなど多くのことを学んだ。」（小学生チーム）

「……作業を進める中で子どもたちのイメージが広がり、作品が発展していくのが分りました。またドミノという、子どもから大人まで行える単純な作業の中には、集中力を養い、並べた結果が目で見られるので、子どもたちにとっては、自分がここまでやったという達成感を味わいやすく、作業を続けやすかったのではないかと思いました。そして失敗を通して、相手の気持ちになり考えること、励まし応援すること、そして協力することを経験して学んだのではないかと思います。……」（練馬ＢＢＳ会会員）

これらの感想からは、このドミノの体験が、これまで言われているドミノの効用とともに、本協議会のテーマである「一人ひとりの子どもが必要とされる要《い》場所」を実感できる場になっていたといえます。

『平成一六年度練馬区地域教育力・体験活動推進協議会答申』から

⑨ ドミノ並べにおける要場所

ドミノ並べは、これまで述べてきたように小さな一つの社会組織同様の経験をすることができます。少人数のグループで個々意見を出し合い、一つのデザインを考える。そこに、もし世代の違う人たちが集まれば、小さな社会すら生まれます。そのうえ、デザインとデザインをまったく違うグループの人たちが繋ぎ合わせることになれば、そこにグループ間の交流が生まれます。そして、すべてがつながった時、個々の小さな力を出し合って大きなことを成し遂げたという満足感を得られるはずです。言い方を変えれば、人と人との助け合いによって素晴らしい結果を生み出すということを実感する場になるでしょう。先にも紹介したように今回のモデルケースでもその効果は明白でした。

現在、子どもたちはインターネットやテレビゲームなどに時間を費やすことで個人社会をつくり上げ、社会から孤立しはじめてきているような気がします。人との交流を拒み、自分のつくり上げる個人社会に満足し、公の社会人としての時間を過ごすことが少なくなっているとすれば将来が心配です。誰のために自分が存在しているかを感じ、その存在意義を問う環境がないということが問題です。子どもたちはいずれ、自分たちの居場所に疑問を問うことになるのです。

ドミノ並べは、誰もが参加できる簡単なゲームです。しかし、それに参加している短い時間の中で、自分の存在がいかに必要であるか、人々との交流がいかに大切かを実感できるのです。子どもたちの要場所をおとなが無理につくるのは難しいことかもしれません。子どもが自ら経験し感じることで、自然とその場所に要ることの意義を感じ、認識していくことこそが要場所を確かなものにする方法であることは間違いありません。われわれは、今回のモデルケースの実現でその意を強くしました。今後も、このドミノ並べを通して伝え続けたいと思っております。

本宮　透雄

❷ 子どもたちに起きていることと私たちの責任

私は、三年間練馬区地域教育力・体験活動推進協議会の一員として「子どもの要場所づくり」に向けた議論を行いモデル事業として「南ファミリークラブ」を設立し子どもたちと要場所づくり活動を約一年間行ってきました。協議会の発足当時私は、まだ練馬区体育指導委員になって日が浅く、指導委員会の雰囲気に慣れることに戸惑いを感じ活動自体に慣れることにも精一杯で同じ体育指導委員の方の名前もわからない状況でした。また同時に発足して間もないSSC桜台（総合型地域スポーツクラブ）においてもフットサルをはじめとするニュースポーツ（安心して誰でもできるスポーツ）の普及とSSC桜台の会員獲得に全力をあげている時期でした。

初めて本協議会の説明と協議員への誘いを教育委員会生涯学習部生涯学習課からいただいた時、「どうして私なのか？」疑問でした。目の前のことで精一杯なのに自信はありませんでした。しかし担当課の方から「今おかれている子どもたちの現状と課題について議論を深めたい」と言われ、今の世の中で生きている子どもたちの叫びを感じている一人なので微力ながらお手伝いできればと思い、また協議会も一年だけだからと思い引き受けました。実際受けてみると中味の濃い問題が多く、あれよあれよと三年間続けてきてしまいました。今回の協議会での議論の中では時間的にも制限があり話し足りないことや十分な説明がされていないところもあり私なりに話したいことや言えなかったことを話したいと思います。

1　私の職場からみた子どもたち

①　児童養護施設の現状

冒頭で述べましたが今現在私は、体育指導委員として活動を行っていたり、SSC桜台の理事をしていますが、本業は児童養護施設で児童指導員をしています。児童養護施設って何なのかと思われる方がいることと思います。ここで児童養護施設の現状を少し話したいと思います。

児童養護施設は児童福祉法に定められた施設であり以下の定義がされています。

> 第四一条　児童養護施設は、乳児を除いて、保護者のいない児童、虐待されている児童その他環境上養護を要する児童を入所させて、これを養護し、あわせてその自立を支援することを目的とする施設とする。

全国には五五五カ所の児童養護施設があり、約三万人の子どもたちが生活を送っています。東京都には都外の施設を含め六〇カ所の児童養護施設があり約三〇〇〇名の子どもたちが生活を送っています。施設の運営は国からの措置費と東京都からの補助金が主な財源であり、その他寄付金や区からの補助・バザーなどによって運営がされています。

施設での生活は一般の家庭と同じように子どもたちは施設で寝起きをしてそれぞれの幼稚園・小中学校・高校等へ通学をします。私の施設では五〇名の子どもが生活を送っています。そして、二歳から一八歳までの男女（一二名前後）が一つの寮舎で生活を送り四名の職員が二四時間交代勤務で生活全般に対応しています。（施設によって形態などは違っています）。また地域の中で生活規模を六名と少なくしてより家庭的雰囲気の中で育てていく施設型グループホームも行っています。児童養護施設の職員は施設長をはじめ事務員・保育士・指導員・栄養士・調理員等が生活を支えています。保育士・指導員の配置基準は子ども六人に対し一人であり、その他虐待を受けた子どもへのケア職員として心理職員や個別対応職員・家庭支援専門相談員等が配置をされていますが、一人ひとりの子どもたちへ十分な対応がされるにはまだまだ職員配置は不足している状況です。

児童養護施設に配置されている職員はおおむね下の表になっています。

一方、二〇〇〇年一一月「児童虐待の防止等に関する法律（児童虐待防止法）」が成立してからは児童相談所へ寄せられる虐待相談の件数が法律施行の前年一九九九年（一一万六三一件）から二〇〇三年には二倍に増えています。これに伴い児童養護施設においても近年の入所してくる子どもたちは親などからの虐待を受けたケースが占めています。

施設では虐待を受けた子どもの他ＡＤＨＤ（注意欠陥多動性障害）・ＬＤ（学習障害）・広汎性発達障害（自閉症・アスペルガー症候群）といった心に障害のある子どもの入所も増えてきています。

児童虐待の定義（『児童虐待防止法』より）

第二条　この法律において、「児童虐待」とは、保護者（親権を行う者、未成年後見人その他の者で、児童を現に監護する者をいう）がその監護する児童（十八歳に満たない者をいう）について行う次に掲げる行為をいう。

一　児童の身体に外傷が生じ、又は生じるおそれのある暴力を加えること。

二　児童にわいせつな行為をすること又は生じるおそれのある暴力を加えること。

三　児童の心身の正常な発達を妨げるような著しい減食又は長時間の放置、保護者以外の同居人による前二号又は次に掲げる行為と同様の行為の放置その他保護者としての監護を著しく怠ること。

四　児童に対する著しい暴言又は著しく拒絶的な対応、児童が同居する家庭における配偶者に対する暴力（配偶者の身体に対する不法な攻撃であって生命又は身体に危害を及ぼすもの及びこれに準ずる心身に有害な影響を及ぼす言動をいう）その他の児童に著しい心理的外傷を与える言動を行うこと。

児童養護施設における職員配置

施設長	1人	家庭支援専門相談員	1人
事務員	1.5人	自立支援指導員	1人（非常勤）
保育士 指導員	6：1	個別対応職員	1人
栄養士	1人	特別指導員	1人（非常勤）
調理員等	3.1人	心理療法担当職員	1人（非常勤）
嘱託医	1人		

心の病気

①　ＡＤＨＤ（注意欠陥多動性障害）……不注意、多動性、衝動的な行動が主症状として現れ、日常生活に不利益が生じている状態。具体的には集中して物事が進まない。周囲のちょっとした動きや物音に反応する。じっと座っていられない。相手の質問の途中で話し始めたり、状況も考えずに出し抜けに行動したりする。

②　ＬＤ（学習障害）……全体には知的な発達の遅れはなく、視覚や聴覚など障害もないが、読む（読んで理解する）、書く、計算するといった能力を、年齢相応の教育によって習得ができない。

③　広汎性発達障害……自閉症をはじめ、自閉症に類似した特性を持つ障害の総称をいう。自閉症の特性をベースにしてそれが軽度のものから高度のものまでさまざまである。

④　自閉症……社会性の障害（他人への関心が乏しく、よく一人で遊ぶことが多い・人の気持ちを理解するのが苦手である）コミュニケーションの障害（人の指示が理解できない・人と関わりを持とうしない）等が主症状とした生まれついた脳の障害である。

⑤　アスペルガー症候群……知的水準はほぼ正常あるいは高い人もいる。対人関係の結びにくさや強いこだわりが見られる。

②　心に傷を負った子どものケア

私の職場、児童養護施設で生活を送っている子どもたちは、どの子も親元を離れて（時には引き離されて）生活を送り施設に来るまでの間には、私たちの想像を超えたさまざまな辛い体験をしてきて心に大きな傷（トラウマ）を負っています。私たち職員はまずはじめに子どもの傷ついた心を癒す作業から始めています。人として最低限必要な居住空間の保障、食事を通した食育を含めた健康管理、おとなとのコミュニケーションの形成、感情のコントロールの修復、そして何よりも自分自身が大切な社会の一員でありかけがえのない命を持っていること、健康で心が豊かに育っていくことを願い、生活を通して教えていきます。しかし現実に、親から切り離された子どもの心は硬く閉ざされ、職員とのより良い関係をつくり生活を安定していくにはかなりの時間と労力を使います。特に親などから虐待を受けた子どもたちは一定の生活の安定が図られると今度は自分がされた体験を相手に出したり、内面にこもったりして、時には自分の身体を傷つけたり、生活集団では子ども同士のトラブルが耐えません。学校においてはクラスの中に溶け込めずに不登校になったり、クラスの中で授業妨害をしたり、相手に怪我をさせたり大変ご迷惑をかけています。学力的にも学習の習慣が身についていないため周りの子たちとは開きがあります。私はそんな子どもを通してわずか数年間の人生の中でいかに辛く大変な体験をしてきたのかを感じ悲しくもなります。子どもの閉ざされた心を開くには私たち施設職員だけではなく学校の教職員をはじめ児童相談所福祉司・医者などの関係機関との連携が重要なことだと思います。

また心に障害のある子どもにとって、施設ではやはり安心した生活が送れるためには、専門的なカウンセリングや治療が必要となります。集団での行動や生活が苦手である子どもたちなので個別的な関わりを多く持ちながら生活を送っています。

少子・高齢化社会といわれてきていますが、子どもの数は減っていても児童相談における児童虐待相談件数は年々上がり、練馬区においての虐待処理件数は、平成一二年度七三件だったのが平成一五年には一一一件と増えています（しかしこれは氷山の一角に過ぎないデータだと思いますが）。児童虐待の受け入れ先の一つである児童養護施設では、どこの施設でも定員が一杯であり、児童相談所内にある一時保護所も定員一杯の状況が続いています。このことは社会においてまだ多くの子どもたちが不適切な環境に残されていることを意味し一刻も早く手立てを取らないと命に関わる重大な問題が起こりかねない事態となっています。

こうした児童虐待の原因として社会・経済状況の変化に伴い家庭だけでは子育てをしていくことが難しくなってきていることがあげられ、家族構成も核家族化の増加にあわせてひとり親家庭の増加も原因としてあげられます。また子育てについての悩みを相談する友人が居なかったり、相談する機関がわからず子どもを放置したり虐待に至るケースもあります。練馬区では平成一七年に次世代育成支援行動計画を発表し、その中で児童虐待防止策の充実をあげています。具体的な施策として子ども家庭支援センターの機能の充実を図ることを進めていますが、センターの増設にともなう職員の雇用といったハード面と施策の機能強化としての関係機関との連携の強化といったソフト面の抜本的な改善を担当の部署に任せるのではなく福祉・教育・医療等行政が一丸となって進めていくことが必要になっています。

③　施設職員のひとりとして

児童養護施設にはさまざまな心の問題を抱えた子どもたちが生活をしています。どの子も進んで施設に入所しているのではなく、おとな側の一方的な都合によって親子の分離がされて入所してきています。私たち施設職員の役割として親子分離をされた親子の再統合に向けた取り組みも位置づけをしています。その他施設の専門的な機能を生かし地域における子育て支援に向けたショートステイ事業・トワイライトステイ事業（ともに一時預かり事業）・養育家庭制度・短期間施設の子ども達を預かっていただくフレンドホーム制度等さまざまな取り組みを行っています。子どもをとりまく地域社会において、児童養護施設の果たす役割は重要になってきています。

また子どもが安心した生活環境の中で大人に囲まれて生活を送ることは心に傷を負った子どもにとって児童養護施設は私たち地域教育力・体験活動推進協議会が求める一つの「要場所」ではないかと感じます。

今施設を必要とする子どもたちは地域に多くいます。どの子も健康で心が豊かに育ち、人として基本的な親子関係の再統合に向けた取り組みを行う中で人間関係を修復し、人と人との絆をつくり上げて行くこと、そして命の大切さを知り多くの愛情の中で育つことは協議会の中でも話されてきたことであります。児童養護施設では一人ひとり子どもの抱える問題について研修・学習を通し話し合い、毎日の生活の中で子どもにとってより良い手立てを行っています。私自身二三年間施設で働いてきていますが、子どもへの対応には完璧なものはなく専門性を高めながら子どもと関わってきています。

施設職員のひとりとして言えることは、現在の職員の配置基準は先にも触れましたが子ども六人に対し職員一人の基準となっています。これは昭和五一年から変わっていず、多くの課題を抱えた子どもたちに手厚いケアをしていくには現在の配置基準では限界になっています。児童養護施設に希望を持って就職しても職員の手が足りず、子どもとの通院・幼稚園、小学校、中学校への保護者会をはじめとする学校行事への参加・親子調整・児童相談所への訪問・書類の整理・買い物等は職員の勤務明けや休日を利用してあたっています。このように毎日の子どもとの関わりの中で職員はくたくたに疲れ、若い情熱が燃え尽きて施設を退職する現象もおきています（燃えつき症候群）。児童養護施設現場では経験を積んだ職員が長く働いていけるシステムをつくり上げていくことも重要であります。子どもとの関わりの中で、施設に入所してくる子どもたちは入所前の体験からおとなに対する不信が強かったり、人間関係が上手くつくれず入所してきます。それらの子どもたちへの対応としては施設での経験と学習を積んだ職員の確保が重要となっています。

児童養護施設では職員の配置基準の抜本的な改正が急務な課題となっています。

厚生労働省も東京都も次世代育成支援対策の中で児童虐待防止対策の充実を進めてきていますが、二四時間子どもと向き合っている現場職員の実態を調査し、子どもが安心して児童養護施設で生活を送れるには具体的に何が必要なのかを検討してほしいと思います。

2 モデル事業「音楽・文化・スポーツを通した異世代間交流」から

① 創って！うたって！遊んで！

平成一六年度私たち協議会ではモデル事業を通し子どもたちの「要場所づくり」を検証してきました。とにかく初めてのことなので何を行うか時間をかけて話し合われました。私や同じ原澤さんなどは日ごろからＳＳＣ（総合型地域スポーツクラブ）等で行っている事業の延長としてモデル事業を考えていましたが他の委員の方には一つの空間に音楽があって工作があってスポーツを行うことが理解できていませんでした。考えてみれば当たり前のことで音楽は普通音楽室で行うもので工作は学校でいえば図工室、児童館でいえば工作室、スポーツは校庭か体育館で行うものです。しかし、子どもの世界を覗いてみると一概にはそうではないことが見られます。一つの枠に押し込みおとな主導型で行う事業が果たしてこれからの「要場所」になっていくのか？　そんな考えから私たちは、おとなが先導しない空間、いろいろなことを自由に行える空間、子どもの自然的な発想を大切にする空間を目指しモデル事業を進めてみました。

あくまでもモデル事業として検証しなければなりませんでしたので、全一回の講座とし、総合的な発表の場を設定し事業は進みました。子ども自身によるルールづくりと自由な発想の中での事業なので実際は時間的にも難しいかと思いました。しかし、子どもたちは私たちの考えを理解してくれたのか毎回の事業では、自由に活動をしていました。詳しい事業の内容については「未来へ！ふるさとねりま～共に育つ『要場所づくり』のすすめ～」で説明をしています。

②　子どもたちを取り巻く環境

本事業を通して、子どもたちのおかれている環境について改めて確認したことがありました。

(1)　参加対象……毎回の参加は小学校の低学年が主でした。また事業の内容からも親子での参加もありましたが、高学年の子どもの参加は少なかったです。完全学校週五日制によるゆとりの時間の活用として事業は進めていきましたが、実際子どもたちの世界は特に高学年は、何かのスポーツクラブに属していたり、塾に通っているようで土曜日は目一杯忙しいようでした。

区内小学四・五・六年生から中学校一・二・三年生を対象に行った練馬区児童生徒基礎調査報告書においても休日の過ごし方について「塾やけいこごとに行く」や「加入している団体活動」の比率も高くなっていました。また「休日家の中ですごす」項目も高くなっていましたが、その理由については「テレビゲームなどがしたいから」が高い比率になっていました。今回の事業を通して今おかれている子どもの状況が基礎調査報告書と重なる傾向がわかりました。またPR方法については事業実施学校とその周辺の学校には全学年にチラシの配布をしました。その他練馬区報への掲載によって参加者を募りましたが、参加者の大半がチラシを見て友達を誘っての参加でした。このことから子どもたちは身近で提供されている情報をきちんと確認していることがわかったのと合わせて情報の発信元としての学校の役割も大切なものだと感じました。また今回会場で南が丘小学校を利用しましたが学校内に併設されている学童クラブがあったのに、学童クフブに来ている子どもたちは参加できず、ただ見学をしているだけでした。事業の主体と管轄の違いから参加できる子とできない子があらわれたことに関して行政上での問題を感じました。

(2)　参加する子どもたち……毎回の講座にも参加している子どもたちは、楽しく思い思い自由に遊びの空間を活用している姿があり、向き合ってくれるおとなが側にいることによって安心感が得られるのか親しみを持って私たちスタッフに接してきていました。南ファミリークラブへ行けばクンコがいる太田マンがいる……そんな思いを子どもたちは持ったのでしょうか？

③　南ファミリークラブのこれから

モデル事業を通して何点か感じたことがあります。

(1)　おとなの姿を求めている子どもたち……本事業に参加してくれた子ども一人ひとりはとても感性の豊かな子どもたちでした。また南ファミリークラブは、自由な空間だったので押し付けられることもありませんのでのびのびと自分の好きなことに取り組んでいました。その中で私たちおとなに対して非常に親しみを示す子どももいて、日常生活の中でおとなとの関わりが十分に取れていないように感じさせる姿がありました。

日本の経済状況から父親の子育てが遠のいてしまう家庭も少なくありません。また子どもは学校から家に戻ると直に塾をはじめ習いごとなどに行き、布団に入るまで何かしら活動をして、ホッとする時間もないくらい疲れているのではないでしょうか？　地域によっては受験に対する関心が高いところもありなおさらのことです。そんな中での私たちファミリークラブの活動は子どもにとってホッとできる空間のように思いました。そこには何よりも自分たちのことを見つめてくれるおとながいること、そして一人ひとりの存在を認めてくれていること。子どもをとりまく環境には大切なことだと思いました。

今の子どもは多くのおとなに囲まれて育っているようですが、子どもたちを見つめている大人がどれだけ子どもの周りにいるのか？　子どもが求めるおとなの姿を探しているおとなに私たちはならなければいけないと強く感じています。子どもによる残忍な事件が後を絶ちませんが「親の背中を見て子どもは育つ」と言われています。

現代社会の中で「おとなの存在すら見えなくなっている」のではないでしょうか？

⑵　子どもたちの生活の中心……子どもが成人するまでの生活の中心はやはり「家庭」が第一だと思います。その次に「学校」が重要な位置を占めています。よく耳にすることですが新学年が始まり決まって話題となるのが「今度の先生はどんな人？」であり、親を含め子どもに関わる私たちも大変関心があります。子どもたちも「一緒に遊んでくれる先生」「一緒に考えてくれる先生」を求めていることと思います。教材研究や研修など今の教職員は休む時間がないほどの忙しさだと聞きます。また状況によっては転勤も早まったりと、教師自身心の余裕がなくなっているように感じられます。私自身小学校でサッカークラブを指導している時期がありましたし、今も中学校でサッカー部を指導していますが、教室と職員室で先生を見かけるほか放課後や休み時間校庭で子どもたちと遊んでいる姿をめっきり見ることがなくなりました。毎週土曜日、学校などを利用して遊遊スクールは

行われていますが、学校の先生の参加があればどれだけ子どもたちは喜ぶか……。ゆとり教育といっても余裕のない教育現場で子どもたちにどれだけ豊かな心が育つのか？ このことは行政側にも責任があることと思います。私の知っている先生にも自分の時間を割いて精一杯子どもと関わりを持っている方がいます。「学校は勉強をする所」「躾は家庭」と片づけてしまう先生もいます。今一度「学校」とは子どもたちにとってどのような所なのか考えるべきだと思います。

(3) 安心できる拠点……モデル事業を終えて今年度（一七年度）からは引き続き遊遊スクールとして、南ファミリークラブはスタートしています。子どもたちも昨年から引き続きでの子も新しく参加する子もいます。また四月からは、地域のお父さんお母さん社会人の方を中心にフットサルクラブも新しくスタートしました。南ファミリークラブは将来的にも続いていくクラブになることと思います。「誰もが安心してホッとできる空間」「自分の存在が認められる空間」を皆の手でつくり上げています。

3 私たちおとなの責任

(1) 地域が変わること……本協議会のメンバーには小中学校等で活躍をされている校長先生や大学の教授や青少年委員の方や児童館等で音楽講師をされている方など多方面から多くの方が入られています。現在それぞれの立場で地域に入り子どもたちの「要場所づくり」に向けての取り組みをされていますが、私たちの責任の一つとして本協議会でまとめた答申文の普及と答申文のより一層の具体化を進めることがあげられます。

練馬区青少年問題協議会では子どもたちの輝く未来のための具体的な家庭や地域での取り組みとして、①子どもたちの自立を促す環境づくり ②一人ひとりを十分理解する ③子どもたちと関わり共に活動する ④子どもの権利を尊重するをあげています。

練馬区次世代育成支援行動計画では七つの基本目標と主な事業の中で、①居場所、遊び場、多様な体験機会を充実します。②子ども自ら考え、参画する機会を充実します。

本協議会においても子どもたちの要場所づくりのための一〇のポイントをあげています。二一世紀を担う子どもたちが健やかに育ち安心して生活ができ、練馬を愛する気持ちを育てていくためにも私たちおとなが今子どものおかれている現状をしっかり把握し子どもの視点に立った取組みをしていくことが大事なことであります。そして子どもに関わる多くの人たちが共に協力し合っていくことが地域を変えていくことであり、そのためには行政の果たす役割は重要になってきます。ただ場所の提供や支援策の提供だけではなくより具体的な取組みを地域の方と共に進めていくことが大事です。

(2)　社会が変わること……子どもに関わるおとな達が変わろうとする中、社会全体も変わっていかないといけないことだと思います。経済の不況からも子どもたちをとりまく家庭環境も影響してきます。経済の回復による生活の安定は欠かせない関係にあります。また私は子どもに関わる仕事をしている関係上国の予算をもっと子ども（児童福祉関係）にかけること、教育費に予算をつけていくこと。東京都においても同様に公共事業にばかり予算をつけず子育て支援への拡充を進めていくことが望まれます。

(3)　おとなが変わること……子どもを取り巻く環境の中で、おとなたちが子どもの「要場所づくり」を通して、おとな自身が変わっていくことが大切なことです。今までも述べてきましたが、おとな社会も大変厳しい状況になっています。私の友人も朝早く家を出て夜遅く帰宅しています。残業をしても手当てもごくわずかで心身ともに疲れている状況です。子どものための要場所ではありますが、おとなのための要場所でもあるのかも知れません。私たちの提案した「要場所」は人間としての厚みを増す場所でもあるのです。そこには一方的におとなが進めていくのではなく共に「要場所」をつくり上げていくことによって子どももおとなも共に育ち、生きていく励みを感じることができます。子どもにとってもおとなにとっても安心できる場所が「要場所」なのです。

地域が変わり、社会も変わり私たちおとなも変わっていくことが、変えていくことが私たちおとなの責任だと思います。最近町を歩いていても子どもの笑い声が聞こえなくなりました。子どもの姿さえも見えなくなっています。子どもに今起きていることに目を向け、今できることからの取り組みがおとなには求められています。

4　おわりに

本協議会を通して、子どものおかれている状況や協議員一人ひとりの考えなどを聞き、私自身大いに勉強になりました。仕事が児童養護施設のため過酷な状況で育った子どもを目の前にしている関係で協議会の議論と職場での問題が一致することがしばしばありました。現在の子どもたちにおいて共通する課題としては、「どの子もおとなからの愛情にとても飢えていること」「どの子も心身ともに疲れていること」「どの子もひととのコミュニケーションが取りにくくなっていること」があげられます。また核家族化の増加にともない家庭的機能の低下が叫ばれている今日、「地域」「学校」「家庭」が一つになって「子育ち」を応援していかなければいけないと思います。そのために行政は全力をあげて社会の発展に向け子どもが健やかに育つ支援策に取り組むことを期待しています。

太田　雄三

❸ 地域変革のキーワード「異世代間交流」

私は、今回、社会教育関係者枠として協議会委員の委嘱を受けました。協議会委員名簿を見ると私の氏名の後に付いているカッコの中は、大泉第四小学校開放運営委員長となっていました。学校開放事業に携わってきた立場からの発言を求められたものと思います。

ＰＴＡ活動を始点にして、青少年育成地区委員、青少年委員、保護司、更生保護女性会などさまざまな活動に携わらせていただきましたので、それらの経験から感じていることも含めて、委員会ではざっくばらんに発言させていただきました。

子どもたちが元気に明るく育ってほしいと思うのは、すべての親の願いです。一方では、何もしない一五歳～三四歳のニート（若年無業者）が六四万人との報道もあります。また、一時の過ちから少年院にいき、出院後は保護司と一緒に立ち直ろうとしている子どもたちもいます。

考えてみますと、私たちおとなの仕事は、おとなになる下地を身につける大切な小学生時代の子どもたちに「先輩（上級生）との接し方、同年代との付き合い方、後輩（下級生）の面倒の見方」などを学ぶ機会を提供することではないでしょうか。

今回の協議会の中では、特に子どもたちには自然体験活動や異年齢集団での活動を、もっともっと体験させるべきということと、私たち大人も含め異世代間交流が今こそ、とても大切になっているということを述べさせていただきました。

1　やっぱり大切な自然体験活動

自然体験の本格的な活動は青少年委員会でした。青少年委員制度とは東京都だけにある制度で、練馬区では、小学校六九校の通学区域から各一名と、小学校・中学校の各代表校長先生二名の計七一名が区から委嘱を受けて、身分上は非常勤職員として活動しています。青少年の余暇指導や青少年団体の育成、青少年指導に対する援助等で、具体的な活動としては、青少年の健全育成と非行防止の観点から「子ども会」「ジュニアリーダー育成事業」や地区委員会事業への参加等です。みなさん忙しい仕事をやりくりして、活動しています。

「ジュニアリーダー養成講習会」は青少年委員会の最大の事業です。小学五年六年生を対象として区内四地域で実施する初級と、中学生を対象とした中級の計五つの講習会を実施しています。

その「ジュニアリーダー養成講習会」の中でも最大イベントが、二泊三日のキャンプです。キャンプ場は、練馬区立秩父青少年キャンプ場です。最近のキャンプ場は、設備も整っており、公園と見まがうほどの所も多いのですが、ここのキャンプ場は、本当にむかしながらのキャンプ場で、自然そのままです。

最寄駅は、秩父鉄道の浦山口という駅ですが、駅からは二時間近く歩きます。最後の一〇分くらいは上りの急勾配で、キャンプ場到着後はへたりこんでしまいます。参加者同士がお互いに励まし合わなければたどり着くことができません。五月から一〇月いっぱいの開設で、管理棟以外には電灯も灯らないような施設です。自炊のためには火おこしから、テントの中はランプ、トイレも遠い場所、体を洗うのも冷水のシャワーという生活をしなければなりません。あまりにも冷たい冷水シャワーのために、時には絶叫が聞こえることがあるほどです。最近のキャンプ場と言えば、電源が利用できたり、大浴場やレストランなどの施設が併設されている所も多いようですが、そのようなキャンプ場からは想像もできないような、何もかも自分たちでやらなければならないような所です。以前は青少年団体しか利用できなかったようですが、今は家族連れなど三人以上のグループは利用できるようです。

キャンプファイアー

今の時代、異世代間交流が非常に大切と考えますが、そもそも家族は異世代の集まりですから、家族でこのような敢えて不便な場所に行って一日でも過ごすことができれば、家族の絆づくりにどんなにか役立つかと思います。このような活動が子どもたちの成長・発達にとって、いかに大切であるかは、次の子どもたちの声がなによりの証拠です。

・私はこの宿泊野外実習のキャンプ以外は友達と一回も泊まったことはなかったので、楽しみでキャンプの日はまだかまだかと今日まで言っていました。

・カマド係のとき、学校の理科の時間を思い出し、できるだけ空気が通りやすいように考えながらまきを組むと、とても良く燃え上がりました。
・テントの前で滑って転んだ時、上を見上げると、どれが何座だか分からない位たくさんの星が見えました。私の住んでいる所は普段明るすぎてあまり星が見えないので、とてもきれいに感じました。
・キャンプ場の夜には数え切れないほどの星がありずっと見ていたい気分になりました。
・ウエルカムパーティーや手打ちうどん作りでは、皆と協力するということを学べました。
・セミが、殻から抜け出る瞬間がすごかった。
・キャンプでまた友だちが増えました、楽しくて最高の思い出になりました。
・生まれて初めてキャンプで体験したことがありました、それはテントで寝たことです。一日目はなかなか寝付けませんでした。

2　やっぱり大切な異世代間交流

現在、理事として携わっている練馬区更生保護女性会の活動目的は、
・子育てや子どもの心を育む環境づくりのために、子育て支援活動の推進
・青少年の健全育成を図り、非行から守る運動
・更生した青少年が一日も早く社会人として復帰できるよう見守り激励する
・他団体と連携をとりながら、自己研鑽に努める
という四つのモットーをもとに行っています。

会員の構成は、女性保護司、保護司夫人、練馬区婦人連盟会員有志、女性民生委員有志、その他、会の目的に賛同する女性。

会員資格は「更生保護の仕事に関心を持つ女性、道を誤った青少年の更生に理解を持ち協力できる人、入会後、

地域に応じた活動に参加できる人」となっています。ここ数年、特に力を入れているのが異年齢集団活動と異世代間交流です。そのはじまりが「夏休み親子キャンプ」でした。

平成一三（二〇〇一）年八月、早稲田大学広域ＢＢＳ会の学生さんたちと、私たちの会が共催で「夏休み親子いきいきキャンプ」という行事を行いました。ＢＢＳ（ビック・ブラザース・アンド・シスターズ）活動は約一〇〇年前にアメリカで生まれたもので、非行少年の更生を支援しようとする青年たちの活動です。早稲田大学広域ＢＢＳ会も同様の趣旨から結成され、現在一四大学の有志学生が参加しているようです。

練馬区更生保護女性会として、他団体との連携はもちろん、キャンプのような活動は皆無でしたので、会として遂行できるかどうか、揺れに揺れましたが、東京保護観察所のお声がかりと強力な支援の元に計画は実行に移されました。秩父のキャンプ場は青少年委員としてジュニアリーダー養成講習会で行う二泊三日のキャンプに毎年参加しており、様子がわかっていたので実施にふみきりました。

農作業体験

この事業は、小学生児童とその保護者一五組を募集し実施したもので、私たち高齢者や、子育て世代、大学生、小学生など幅広い世代が一泊二日の生活をともにしながら自然体験活動を行ったり、子育てについて考え合おうとしたものです。親子で参加していただきましたが、わが子から離れて、親は親同士、それと私たち子育てを終えたおばさんたちと一緒に子育てについての話し合いに参加していただきました。また、子どもたちは、お兄さんお姉さんに当たる青年たちとキャンプ場内でオリエンテーリング等一緒に活動しました。

今は、お兄さん、お姉さんがいる家庭も珍しいわけですから、子どもたちはおおはしゃぎです。また、そのお兄さん、お姉さんたちも、家で弟妹に接するという経験のない場合が多いわけですから、これまた嬉々として飛び回ってくれました。夜のキャンプファイアーで将来の夢を星空に向かって語り、四歳から七〇歳の全員が歌って踊って、感激のひとときをむかえました。また、お母さん、お父さんたちが、世代の異なる私たちとの子育てミーティングでは、核家族ゆえの悩みなど分かち合いました。この事業を行い、このような場面を見る、異年齢の者同士の交流がいかに大切かあらためて感じました。

この事業にたいして、マスコミも注目してくださり、読売新聞の都民版には大きく「少年の健全育成　世代超えて協力　早大サークルと練馬の婦人会」という見出しで、私たちの活動が紹介されました。この記事の中で、練馬更女会長の、「私たちだけでは、とてもキャンプはできなかった。少子化、核家族化が進む中で、世代を超えた人が集まることが意義深い。私たちも長年の知識、経験をキャンプに活かしたい」というコメントも掲載されました。事業目的は、この言葉に集約されていると思います。

この「親子いきいきキャンプ」の、異世代間交流の感動を、次年度の活動にどのようにとりこんでいくかという大きな宿題を抱えてしまいました。キャンプは資金的にも無理でしたので、一四年度は「みんなで育てよう地域の子どもたち」というテーマで募集があった教育委員会委託講座を活用することにし、申請を行いました。幸い、受託することができましたので、地元の特長を活かした活動にしたいと考え、練馬の野菜（友だちも）収穫体験を計画してみました。事業名は「親子いきいき自然体験」としました。また、早稲田大学広域ＢＢＳ会、練馬リーダークラブの大学生・高校生の協力を得ることができ、ここでも異世代間交流の感動を体験しました。前年の「親子いきいきキャンプ」それに続く二年目の「親子いきいき自然体験」の事業が社会貢献として評価され、財団法人「日立みらい財団」より更生保護奨励賞（賞金一〇万円）受賞という思いがけない名誉をいただきました。

以後、自然体験シリーズを継続、異世代間交流の活動を現在に続けています。

最後に、参加したスタッフの感想を紹介しておきます。

・この親子いきいき自然体験はとてもいい行事だと思います。日常生活のなかに今日のような日があれば互いに刺激を受け、いろんな意味で初心に戻れるような気がします。そしてたくさんの人の笑顔と、頑張っている姿を見て、また明日から頑張ろうという気持ちになれました。

・子どもと一緒にいて、遊んで芋掘りをして自分も子どもに戻った気がしました。子どもたちはどこにあんなパワーがあるんだ?というくらい元気で、こっちまで元気になりました。ボランティアってこちらが一方的に奉仕するのではなく、そのかわりにたくさんのものが得られるんだなと思いました。来年も是非参加したいです。

・日頃、相手にしている五年生・六年生以外の子どもたちとふれ合う機会をいただけて、とてもいい経験をさせてもらいました。また、同じ班に幼児がいたのですが、五年生の女の子がとても嬉しそうに面倒を見ている姿をみて、子どもにもすごくいい経験だったと思うので、こういう機会を今後も続けて、素敵な思い出をつくっていきたいと思います。

3　学校開放事業の中で

学校開放事業は、『社会教育法』にある「学校の管理機関は、学校教育上支障がないと認める限り、その管理する学校の施設を社会教育のために利用に供するように努めなければならない」という条文が根拠になっているということで、学校教育ではなく社会教育の事業とされております。

その具体的な内容や運営方法はさまざまだと思いますが、練馬区では、学校図書館開放、教室開放、校庭開放、学校体育館開放、それに夏の間だけですが学校プール開放の事業が行われています。このほか、○○開放というようには呼ばれてはいませんが、目的外利用として、学校は地域の人々にさまざまに利用されています。また、練馬区の学校開放事業の特徴になっているのは、事業の運営が、それぞれの学校につくられている運営委員会によって行われていることです。運営委員会には、学校の先生方ももちろん加わっていますが、その中心は地域の住民であり、私もその一員として参加しています。

このような運営委員会方式は、私たちにとっては負担も大きいのですが、社会教育本来の理念としては、その通りだと思います。この運営委員会ですが、ふだんの開放事業はもちろんですが、体育館や校庭でのスポーツ教室やスポーツ大会、図書室での読み聞かせ、開放全体としての「学校開放まつり」なども行っています。

大泉第四小学校（大四小）では、このうち教室開放を除く四つの事業を行っており、他に年一回の「開放まつり」を実施しています。「開放まつり」の内容は、運営委員会に任されており、まつりへの想いや、アイディアを活かすことができる貴重な機会になっています。

フォークダンス

開放まつり事業費として教育委員会の予算もついていますので、忙しくも楽しい催しとなっています。毎年一一月に行う開放まつりも異年齢集団での活動、異世代間の交流ということを心がけてきました。このまつりで見せてくれた子どもたちの笑顔や、まつりのお手伝いで参加してくださる大勢の大人の方々の献身ぶりに感動しながら、運営委員会のメンバーは頑張っています。

４　「学校開放まつり」の様子

一般に学校生活では、運動会や文化祭などの全校行事以外に、異年齢集団の活動はあまりないのではないかと思います（大四小には兄弟グループ活動があります）。

塾やクラブの活動などの学校外での生活でも、ほとんどが同年齢集団での活動です。おとなも同様で、大四小南門の前に小さな公園がありますが、ここで語っているおとなたちの姿を見ると、若い母親たちは母親同士、高齢者は高齢者同士と、ほとんどが同世代同士になっています。このような状況を変える試みにもなればという想いをこめて開放まつりに取り組んでいます。

開放まつりの対象は地域の子どもたちを中心に考えていますが、子どもだけでなく、お兄ちゃん、お姉ちゃん、おとなや高齢者の方にも参加していただきたいという気持ちから、だれでも十分に楽しめるような内容を考えてきました。開放まつりの各コーナーの運営は、運営委員会のメンバーだけでなく、ＰＴＡ、地域の方、とりわけおとなだけでなく中学校のボランティア部の生徒やジュニアリーダー、ＮＬＣ（練馬リーダースクラブ）などの青少年にも参加してもらっています。そんなことから、自然と異世代間交流の場にもなっています。

子どもたちの活躍の場を何とか確保できないものかと考えて、機会がある毎に、声かけはしているつもりですが、なかなかチャンスがありません。

学校開放まつり

子どもたちの遊びの場ももちろん必要ですが、子どもたちの活躍する場も、今、求められていると思います。行事などの企画の際には、なんとか中学生、高校生を引っ張りだす方策を考えねばならないと思います。

昨年の開放まつりの内容は、図書室では、はがき・カードつくり、体育館ではニュースポーツ（シャッフルボード、ユニカール）、紙飛行機づくりでした。校庭ではティーボール、竹馬、アートバルーン、ペットボトルボーリング等々、順に体験し、体験した場所でスタンプを押してもらうスタンプラリーの形で行いました。これが小さな子どもだけでなく、おとなが挑戦しても結構楽しいもので、家族で参加しているファミリーでも、熱中しているのは親だったということもしばしば経験します。

地域にある学校で、半日、みんなで過ごすというなんでもないことが今では貴重なことになってしまっているのです。主催は、開放運営委員会ですが、いつも、学校、ＰＴＡ、青少年委員が共催で協力してくれています。このような大勢のボランティア、地域の皆さんからの支援と協力のなかで運営されているのが、学校開放まつりです。

5　まとめに代えて

私は、子どもたちのはじけるような笑顔を見たくて、子どもに関わる仕事に携わってきたとも言えます。いろいろな関わりのなかで、楽しいことばかりではなく、苦労続きで、時にはもう辞めてしまおうかと思うこともありました。

しかし、何のかんの言っても続けてこられたのは、家族の理解と周囲の協力があったことと、子どもが好きだったことによると思います。

私たちの子育て時代は、現在のように恵まれた環境ではありませんでしたが、子どもたちの笑顔は最高に明るく、また心身ともに逞しかったように思えます。また、子どもを見守るおとなたちの眼差しも、今よりおおらかでのんびりしていたような気がします。家庭がどうなっているか気になります。

核家族のなかで、子育ての悩みをかかえている若いお母さんやお父さんたちには、ますます、異世代間の交流が必要になるのではないでしょうか。

高橋　美智子

参考『ジュニアリーダー養成講習会記録』（練馬区・練馬区青少年委員会）
『スタッフアンケート　親子いきいき自然体験に参加して－パリッと青春　練馬の野菜と子どもの輪－』

4 伝統文化の継承と地域の教育力
――邦楽と地域教育力と私

1 なぜ邦楽なのでしょうか――私の心の中にあったこと

以前、私の邦楽の師がドイツの音楽祭で入賞したとき、そのインタビューの中で、「日本人は、何歳くらいから箏や三味線を習うのか」と聞かれたそうです。学校では習わないと話したところ、観客や他の国の演奏家が、非常に驚いていたということです。自国の音楽を習わないのに、外国の音楽を習うのか、と、首をひねっている人もいたそうです。そのことは、私もとても不思議に思っていました。

私は小学校のクラブ活動で、箏を教えたことがあります。子どもたちは、「つめ」の付け方に苦労をしていましたが、すぐに「さくらさくら」や「荒城の月」を演奏できるくらいに上達しました。楽譜は、糸の番号がそのまま漢数字で書いてあるので、読み取りやすかったようです。そのときは演奏活動が中心でしたが、そうやって楽器に親しみながら、自分で演奏することだけでなく、邦楽の背景について知ることは、日本人としてとても大切なことではないでしょうか。

数年前ヨーロッパの小学校に、教育視察団として見学に行ったときのことです。国際人を育てるためには、まず、自国の文化を知ることから始める、という教育方針をはっきりと打ちたてていることに感銘を受けました。そのころの私の研究テーマは「国際理解教育」でしたが、国際人をつくるためには、その人の本質となる自分の国への愛情が重要だと感じました。ヨーロッパでは、義務教育の間は、自国語についてと、伝統芸能、特に、民俗音楽を、その歴史とともに学んでいき、その上で、英語や他国の音楽等を学んでいくそうです。ヨーロッパの小学校は、カリキュラムの中に伝統の継承を第一に入れています。日本も、もう少し工夫して取り組み、そのような制度が根づくとよいのではないでしょうか。自国の文化を学んだ後に他国の文化を学ぶことで、よりいっそう理解が深まり、お互いを認め合う心が育つのではないかと思います。

まずは、地域が日本の伝統的な音楽である邦楽を子どもたちの身近なところにおくことが、国際化が強く言われる現代において、その基礎となる自国文化への愛情を育むうえで、子どもたちにとってとても大切なことだと思うのです。地域でできる範囲で、取り組んでいくことができたら……と考えています。

2　邦楽ワークショップ

ここ数年、邦楽の研究所に所属し、技術以外にも邦楽に関する知識を学びました。その研究所の主催で、「子どもたちと創る邦楽」ということでワークショップを数回行い、私もお手伝いに参加しました。

そのうちの一つに、東京都が江戸幕府開府四〇〇年記念事業の一環として、両国の江戸東京博物館で行った三味線フェスティバルでのワークショップがありました。参加希望のあった小学校五年生と六年生の児童二十数名と、スタッフ一〇名ほどで取り組みました。参加時間は数時間です。楽器は、箏・三味線・和太鼓を用いました。

初めて箏や三味線に触れた子どもたちは、まず、音を聴き、弾き方を模索し、だんだんと楽器に親しんでいきました。「何をしなければならない」ということはなく、自分で研究していくのです。

「自分で研究していく」というテーマには、日本古来の楽器は、とてもぴったりです。箏でしたら、糸を持ち上げる「じ」というものの場所によって、出る音が変わったり、その糸を押したり引いたりして余韻や音を変えたりします。（中学校の理科の「音」の授業で、この「じ」を用いて振動を変える実験をしていました。そこで初めて「じ」を見た子どもたちは、それが邦楽器に使うものということまでは知らずに終わっていたのが残念です。このような機会にも、邦楽器と親しむことができればいいのに……とそのとき痛感しました。）

弾き方も、ただ爪弾くだけではなく、叩いたり、はじいたり、こすったり、……。「こんなこともできるのよ」といくつかの演奏方法を見せた後は、それぞれの子どもたちは、「楽器で遊ぶ」ことを楽しんでいたようです。

その後、一つの曲をみんなで仕上げていきました。箏も三味線も、調弦を合わせれば、好きな音を好きなように出しても、それほどの違和感がありません。少し練習して「さくらさくら」のメロディーが弾けるようになった子どもの中の希望者が、そのメロディーを弾き、そのほかの子どもたちは、伴奏や合いの手、あるいは自分なりに編曲したものを弾いたりして、楽しい「さくらさくら」が完成しました。

完成といっても、もし二回演奏したら、それはきっとまったく違う演奏になったと思います。「譜面どおりに上手に弾く完成」ではなく、みんなの演奏がひとつになる、そういう「完成」でした。最後に、ご家族やお客さんの前で、「さくらさくら」を披露して終わりました。

和太鼓がスパイスになり、箏の旋律に箏や三味線の音が楽しくのり、とても素敵な演奏でした。演奏した子どもたちも、とても満足していました。

子どもたちのそのときの感想です。

「はじめは、ちゃんと音が出せるのか心配だったけれど、思ったより簡単だった。」

「箏はたくさん糸があるのに、三味線は三本しか糸がなくて、自分で音を作るのが大変だった。でも、音と音の間みたいな音が出せて、おもしろかった。」

「いろんな弾き方があってびっくりした。弾くだけじゃなくて、太鼓でもないのに楽器をたたいたりしておもしろかった。」

「少し練習したら、『さくらさくら』が弾けるようになってうれしかった。」

「箏で糸を押さえるのが難しくて、指が痛くなったけれど、ちょうどいい音がでるとうれしかった。」

「最後にみんなで一緒に弾いたとき、いろんな音がして、わくわくしてどきどきした。」

「先生たちの演奏は、とても素敵だった。私もあのくらい弾けるようになりたい。」

そのときの数人が、邦楽を続けていると聞きました。一度の機会が、子どもたちの中に生き、邦楽を身近に引き寄せてくれるというのは、とてもうれしいことだと思いました。ただ、近くに習う場所がなかったり、まわりの理解がなかったりした子どももいたと聞きます。邦楽を習うことは、ピアノを習うことよりも、難しい面があります。次に、その問題点を述べてみたいと思います。

3　邦楽を身近に——その問題点

大学の音楽科でも、邦楽科があるところは少ないので、ピアノの先生のように邦楽の先生は多くはありません。また「名取（なとり）制度」というようなものがあり、「誰々先生の弟子で……」とか、「誰々先生のもとでお名前をいただいた」というような世界が根強く残っています。これはこれで日本の文化の一つでしたが、それぞれの流派によって演奏方法や好む曲に違いがあったりすると、その流派を超えて取り組むということが難しい、という問題点もありました。また、関東の「山田流」、関西の「生田流」などというように、地域性もありました。偏らずに、伝統音楽を人々に多く広めていくためには、義務教育等でもっと取り上げていくなど、何か方法を考えていくことが必要だと思います。

また、ピアノのように調弦士がいるのではなく、それぞれが、楽器を弾く前にいちいち調弦をすることも、困難の一つかもしれません。箏や三味線は、糸を張っているだけですので、箏は「じ」を立てる場所でその音の高さを取り、三味線は糸の張り方を強めたり弱めたりすることで、基本となる音をつくります。これが、とても難しいのです（今は便利な調弦用の器具があるので、これを使って調弦をすることができます）。また、弾く曲によってこの調弦は代わるので、それもたいへんです。たとえば、「六段」という曲がありますが、この曲の一パートは「平調子」という調子に調弦をしますが、二パートは、「雲井調子」という調子に調弦をします。私も、調弦には悩まされました。

でもこれが、邦楽器の命です。演奏と同じくらい、あるいはそれ以上大切だ、といわれるこの行動が、邦楽器特有の音（「さわり」という、共鳴音です）を生むのですから……。そして、この調弦という行動が引き起こす緊張感が、また、刺激となるのです……。二人以上で演奏するときは、調弦がぴったり合うまで、それこそ演奏者の息がぴったり合うまで、さわりが響きあうまで、全身耳にして取り組みます。そこでは、演奏技術だけではなく、相手の音を聞き、相手と心を通わせる、張り詰めた緊張感があるのです。

すばらしさと同時に、やはり存在してしまう問題点のせいか、邦楽が広く人々に広まらないのではないか、と思います。その習い方の形態や制度、そのほか、いろいろな困難な点を一つ一つクリアして、未来につなげていくことが、今の私たちにとって、とても大切なことだと思います。

私は、古いものが大好きです。伝統という言葉の持つ、メランコリックでミステリアスな雰囲気が大好きです。ぶらぶらと町を歩いていると、朽ちかけた木戸の向こうから、三味線の音が聞こえたり、ひんやりと暗い店の奥に入って行くと、景色のよい抹茶茶碗が迎えてくれたり……。今の時代には、まだ、至るところに伝統の影が残っています。

未来はどうでしょうか。そう考えて、はっと気が付いたことがあります。そういえば、未来の場面は、どの小説や映画、漫画でも、伝統的なものの影がなくなっているような気がします……。ドラえもんの世界も、鉄腕アトムの世界も、私たちが未来都市として思い描く世界はすべて、機能を重視する世界ではないでしょうか。そこでは伝統芸能は、保存するためだけにあり、私たちの生活とは、かけ離れた世界になっていきます。骨董品を大切にしまっておくように、音楽でさえも、しまわれてしまうのです。

今でも、もうその道を辿っていると思われるような伝統芸能があります。私たちの日常生活からかけ離れ、行事のためだけ、保存のためだけにあるような伝統。音楽だけではありません。物を作る、描く、織る、彫る……。どの世界でも、伝統の影は薄れていっています。本当に残念なことではないでしょうか。

私は、伝統芸能は大切なのだから、好む好まざるにかかわらず、日本人として生まれたからには、先祖から連綿と受け継いできた宝として、次の世代に、そして未来に残すべきだ、と思っています。幸運なことに、私は伝統的なものが大好きなので、なおさらそう考えているということもあるでしょう。生物が子孫を残すように、日本人は日本古来の伝統芸能を残すのだ、と。何の抵抗もなく、そう思ってきたのです。

自分で箏や三味線を弾いたり、小学校のクラブで箏を教えたり、その後数年邦楽に接する機会が少なくなりながらも身近に聞いたりしていましたが、最近では、邦楽を学校教育に広める姿勢が見られるようになり、邦楽の世界も少しよい方向へ動き出したような気がします。

ここ数年、津軽三味線が脚光を浴び、若い人たちも興味を持つようになったことも、素晴らしい変化だと思っていました。

コマーシャルで、現代的な曲を三味線や箏で弾いているものがありました。耳にも心地よく、そばにいた人が「これもお琴なの？」と、きいてきました。このように、メディアが取り上げていくことも、広く人々の興味を引く結果につながり、邦楽を身近に引き寄せてくれる一因になっています。

箏の音色は美しいです。これは、ほとんどの子どもが箏に接するときに、たどたどしく爪弾きながら「きれい」という言葉を発することからもわかります。この、「きれいな音」という思いを大切にして、耳に心地よい曲に触れることで、箏の存在を広くアピールできたら良いのに、と思います。私たちの遺伝子の中には、きっとどこかに、邦楽を愛する部分があると思うのです。そのことが、今はやりの癒し系音楽としての邦楽を、取り入れてくれるのではないでしょうか。

4　邦楽つれづれ

小さいころから邦楽を学んできましたが、昔は（と言ってもそれほど昔のことではありませんが）今のように、楽譜をよむ、という習い方ではありませんでした。歴史の学習に出てくる伝承というような、それこそ口伝えの指導でした。お師匠が弾く通り、お師匠が唄う通りにまねをして、それを覚えていく。今のように、家で練習をしたものを先生にきいてもらう、という習い方より、もっと師弟の密着度が強い感じです。

沖縄に行ったときに、縁があって、沖縄三線（サンシン）を習いました。沖縄の家庭では、どこの家でも居間に普通にサンシンがおいてあり、少し盛り上がってくると、すぐに登場します。そこでは、サンシンが生活の一部になっており、伝統が生活に根づいていていました。何も意気込むこともなく、自然にサンシンを弾き、歌います。カラオケの曲を歌うように、仲間が集まると、サンシンを伴奏に、沖縄民謡や古典を歌います。もちろん、カラオケだってあります。カラオケは、大人気です。それでも、まったく同じレベルで、民謡や古典を歌うのです。しかも、誰でも知っています。すごいなあと思いました。英語を学生に教えているという、同年代の女性が、やはりさっと沖縄民謡を弾きはじめてくださいました。沖縄の人々の中では、民族楽器であるサンシンが、とても強く根付いていることを感じました。

沖縄の人たちは、自分に誇りをもっています。たぶん、沖縄音楽を沖縄県以外の人に否定されたとしても、まったく気にすることもなく、自分たちは自分たち、として、聞き流す強さを持っています。しかし、私たちは、そうではなかったのでしょう。西洋の人々が来て、めずらしい物や、美しい物を日本に運んできたとき、進んだ科学や医学を運んできたとき、もう、自分たちの文明に対し、卑屈になってしまったのではないでしょうか。こんな音楽はおかしい、変だ、と言われ、ただ、一緒になって、自分たちの音楽なのに、否定してしまったのではないでしょうか。自分たちの音楽の美しさ、素晴らしさを、自信を持って言えるくらいだったら、きっと、今の沖縄でのサンシンのような存在になっていたのではないでしょうか。

ある家では、「このサンシンは大叔母ので、このサンシンは大おばあので……」というように、それぞれのサンシンが、代々飾られていました。でも、飾られているだけではなく、どれも、かわるがわるに取り出しては、その音色を比べるように弾いていました。とても身近であると同時に、とても大切にしていることが、よく分かりました。そうやっていつも家にあり、いつも耳に響き、いつも触れることが、文化を失わずに伝えていくことの基本なのだなあ、と強く感じました。

サンシンの習い方もやはり口伝えで（当然のように、楽譜なんて見ないのよ、といわれました）、見よう見まねでなんとかついていく、という習い方でした。楽譜を研究したり、楽譜を読んだりすることも大切ですが、相手の口元、手元を見ながら（弾き唄いなので、口元も見ないと何を言っているのかわからなくなります）それこそ密着練習という感じでした。でも、今はとても便利な文明の利器があり、私は、お師匠の演奏の様子を全部ビデオに撮っておき、家でも練習をすることができました。もし、ビデオがなかったら、お手上げだったと思います。

今回、少し時間ができたので、もう一度三味線を学びたいと思い、でも、特定の人に習うより専門学校で習ってみようと、実技とともに、その歴史的背景や楽器の仕組みなども学べる研究所に通いました。流派を超えて、また、いろいろな年代の方が集まって進められた授業は、斬新でおもしろいものでした。日本の民俗音楽・楽器についてはもちろんのこと、歌舞伎や浄瑠璃などや雅楽について、そして、世界中の民族楽器についても学びました。今まで小学校から大学まで、学校では教わらなかったことをいろいろと知ることができ、このような場が、公的にあればいいのにと思いました。

そこでは、私たち向けの和太鼓のワークショップがありました。みなさん緊張して、初めての和太鼓に取り組みました。ご年配の方が、自分はリズム感がないからとあきらめ気味なのを、叱咤激励されてがんばって取り組み、最後にはみんなで和太鼓の曲を仕上げました。年をとればとるほど、あまり挑戦したり、がんばったりしないのかもしれません。でも、昔だったら「四十の手習い」といったところが、今では「七十の手習い」でもおかしくありません。そして、お年を召した方が新しく挑戦する姿勢こそ、地域で子どもたちが育っていく土台につながるのではないでしょうか。

5　地域に広げたい邦楽など

今、私は、小さな学習教室を開いています。テレビの時代劇に出てくる寺子屋の現代版のような学習教室があればいいのでは、と思うのです。邦楽の習い方を書きましたが、寺子屋風学習方法も、考えてみると同じような密着指導です。子どもたちがやったものを見るだけではなく、やるところを見、指導する。家でやってくる、というより、ここで学ぶ、という感じです。演奏の技術を伝えるように、問題の解き方・考え方などの学習力を伝えることができたら……と思います。

また、保護者の方たちが、家族のおとなだけでなく、他人のおとなに見てもらえることの大切さをよくお話されます。私たちに、勉強を見てもらうだけではなく、親と一緒に子どもの成長を見てもらえることが、とてもありがたい、ともおっしゃっていただけます。今の社会で子どもを育てている方たちにとっては、このことは大切なことのようです。

そして、もっと大きく、地域の役割ということをいっしょに考えたいと思います。地域として、多くの目で見守ることとか、学校ではいろいろな意味で活躍できない子どものための場を設けることも大切ではないでしょうか。週休二日制になり、学習面での問題も多く出てくるなか、「土曜日は子どもを地域に返そう」といわれているので、学習が遅れてしまう子どもを救うことも、地域としての大切な役わりではないでしょうか。「勉強、勉強というのは……云々……」ということもありますが、基礎学力をしっかりとつけることは、子どもたちの将来にとって、何をするにも大切なことだと思うのです。このことは、勉強のできる子どもにするのではなく、生きる力、生きる強さを養うことだと思うのです。「寺子屋」的な、病院に対する「町医者」的な、そのような場所を多く用意することで、十分に内容を理解できない、あるいは決まった時間内では実力を発揮できない子どもたちに、力をつけ、伸ばすことを考えることも大切だと思います。多くのことを抱えて大変な苦労をしている学校のお手伝い的存在です。学校では時間がなくて、かけざん九九を家で覚えるように指導された子どもに、地域として、一緒に九九を覚えようという姿勢があれば、親も子どもも、どんなにかうれしいのではないか、と思うのです。

地域でできること、ということを考えるとき、目先の派手さにとらわれず、今一番必要なことはなにか、ということを、その時その時に考えて、地道に着実に取り組むことが大切であると強く感じました。

ワークショップでは、邦楽器にまったく触れたことのない子どもたちが、遊びの感覚で音を出し、自分なりに表現していました。でも、ほとんどの子どもたちは、日本の伝統芸能に触れることがなくおとなになっていくでしょう。そのことに常々疑問を持ってはいましたが、身近に楽器がないし、触れる機会もないという現状に、「仕方ない」という思いでいました。

今回の委員会で、話し合うだけではなく、読み聞かせやドミノ大会という実際の体験活動が行われたことは、大きな収穫であったと思います。活動を通して、また話し合いを深めていくことができました。一年目、二年目と、内容が深まるとともに、実際の活動に目を向けることで、考え方が具体的になったと思います。「仕方ない」よりも、もう一歩、考えが進められるような、そんな気がしてきました。

この経験を生かして、私としては、地域の活動の中で、ワークショップのような場だけではなく、誰もがどんどん参加できる場で、自然に邦楽に触れることのできるような機会を考えたり、工夫していったりしたいと思います。また、邦楽だけではなく、お正月のかるた会や、最近あまり見なくなった節分の豆まき会等、伝統的な活動を子どもたちが体験できたりする機会を設けていかれたらすばらしいと思います。

西潟　貴子

5 実感できる達成感から

私の高校時代、私たち若者は三無主義（無気力・無関心・無責任）と言われていました。私自身は高校に入学する時には将来の進路もほぼ決めて、それに向かってやりはじめていたところでしたので、自分の中ではそのこと（三無主義）をあまり実感していませんでした。

小さい頃から体を動かすことの大好きだった私にとって、一年の時に行われた体育祭は中学時代までのとは全く異なった印象の薄いものでした。もちろん、中学時代までのものは、決められた中での体育祭でした。高校は自分たちで組み立てるものでした。主体的にかかわっていなかったので印象も薄かったのかもしれません。

その体育祭が二年時には中止！と職員会議で決まってしまいました。私自身は『そうか〜』くらいでしかありませんでした（これがそもそも三無の一端？）。ところが、一学年先輩に幼馴染がいて、その彼が「俺は体育祭を楽しみに学校に来ているのに……なんで中止なんだ！　すべて責任持つので体育祭やらせてほしい!!」と職員会議に直談判。そんな彼の熱意に、一度中止と決めた学校側がＧＯサインを出してくれました。

それっ！と立ち上がった幼馴染を中心とする三年生、そして顔見知りということで必然的に引き込まれ、企画運営を経験しました。なぜ今までの体育祭は盛り上がらなかったのだろうか？から検討はじめ、皆が楽しめる体育祭をめざし、体育の先生達にアドバイスを受けながら新しい体育祭づくりが始まりました。

自分たちの考えられるアイディアを出し合い、ほとんど毎日九時近くまで学校で打ち合わせ・準備に費やし、朝礼でも大々的な宣伝等々……たいへんではありましたが、みんなキラキラしていました。そして、そんな私たちを暖かく見守り、付き合ってくださった先生方に支えられ、新生体育祭は成功裡に終えることができました。

その時の充実感、達成感、そして、次もやるよ！というエネルギーが私はもちろん、皆の中にたくさん沸いていたことを今でも忘れることはできません。何が去年と違ったんだろう?と終わって考えたことを思い出します。

一つには、三年生が動いた!ということだろうと思いました。三年生になると、大学受験が目の前に迫り、すべてのことから引退となっていたのが現状でしたが、(二年生が主体で行われた体育祭に三年生の姿はあまり見られなかった)その三年生が引っ張ってくれたおかげで、一・二年生はためらわずについて行けたと、思いました。

そしてもう一つ、(今思えば限りなく危なっかしい私たちがやったことだったと思うのですが)任せてくれ、やらせてくれ、見守ってくれた先生方の広い懐でおとなの目が私たちを少しずつおとなにさせてくれていたと思いました。

1　地域とのかかわり

大学時代、もともと小さい子と遊ぶことが好きだった私は、子どもたちとのキャンプ活動を始めました。その活動では、ボランティアでありながらもしっかり子どもたちを任せられ、『人への責任』というほどよい緊張感を持ちつつ、楽しいそして、貴重な体験をすることができました。そこで学んだこと・体験をベースに卒業後は〝子どものうちから国際交流を……〟とアジアの子どもたちとの交流へと発展した活動を行ってきました。

私が限られた中ではありましたが、日本中の子どもたちと楽しい体験をさせてもらっている時期に、一方では連日新聞で「校内暴力」の記事が賑わっていました。

自分の育った環境からでしか見ることはできませんでしたが、自分の学校時代の友人・先生・先輩との関係から考えると、なぜ「暴力」が起きてしまうのか想像がつきませんでした。

学校で何が起こっているのか?　なぜそんなことをしなければいけないのか?　そのエネルギーをそんなことに使わないで、違うことに使えないんだろうか?等々記事を読むたびに、胸が締め付けられ、でも、なんの手立てもない自分に苛立ちを感じた日々もありました。

そして、長男が小学校に入学するという時、フト思いました。私はたくさんの子どもたちといろいろな所に出かけていって（時には長男も引っ張って）楽しいけれど、この子はどこで育つんだろうか？と。この子が育っていくのは練馬という地域。しかしこの地域のことは何も知らない自分にも気付きました。育っていく地域が素敵なところでなければ、いい子（？）に育つわけはない！

漠然と「世の中」しか見ていなかった私が地域を見る・地域と関わるきっかけになりました。

2　スキーを通じての取り組み

楽しかった高校時代の体験では、スキーもありました。

腕前はともあれ、日の光を浴びてキラキラと輝く白銀の世界に魅せられ、細々ながら続けていました。

長女が二歳の時、ソリ遊び専門だった娘を背中におぶりリフトに乗りました。高度が増すにつれ見えてくる光り輝いた山々に、背中から「うわあ～きれい!!きれいだねえ～」の感嘆の言葉。こんな小さな子でも感動できるんだ！と私も新鮮な感動を覚えました。その時からたくさんの子どもたちと一緒にこの景色眺めたい！という思いが生まれました。

娘が小学生になった時、「子どもたちにスキーを教えるジュニアスキー教室の開催協力」の話をいただきました。願ってもない話でした。どのような子どもたちが参加してきてくれるのかはわかりませんでしたが、間違いなく同じ地域で育っている子どもたち……私自身がワクワクウキウキでした。小学一年～中学三年までの子どもたちと一緒に、何度も吹雪の厳しさも、素敵な銀世界も眺められました。

都会で行えるスポーツとは違い宿泊を伴うことで、幅広い年齢差での兄弟関係体験、また、元来は個人スポーツともいえるスキーを皆で体験することで得られるメリット（助け合い・仲間意識）を最大限に生かした楽しいスキー教室は一六年続いています。

その大きな力になっているのが、ジュニア教室卒業生です。「中学を卒業してもスキーを続けたい、そして子

スキーの様子

どもたちの面倒を一緒に見るのがいやでない人は一緒にやろう！」と声をかけ、「アシスタント」というポジションで活動、スキー場は勿論、宿舎での子どもたちの世話等にも積極的に関わってくれています。現在二九歳を頭に高校一年生までの若者がスタッフとして動いてくれています。まさに幅のひろい兄弟・姉妹関係が生まれてきました。

『一人で参加しても絶対楽しいスキー教室・すきーで学校以外の友達を作ろう』をコンセプトの一つに置き、参加者の生活班は中学生を頭に縦割りで構成し、リピーターの子どもたちが当たり前のようにそのことを実践してくれますので、初めて参加した子どもたちも、戸惑いながらも次第に役割を理解して、生活を楽しんでいる姿には、柔軟性と逞しさを感じます。そしてその中学生を暖かく見守り、時には助言をしている高校生・大学生はさらに逞しさを感じます。

もう一つスキー活動として、「障害を持っている人たちとのスキー遊び」も続けています。ある障害のあるお子さんをお持ちの方に、ただスキーの楽しさを語っていた時「うちの子にもその体験をさせてあげたい！」と言われました。

「スキー場まで連れて来られるなら面倒はみるよ」の会話から始まったこの取組み、毎年春に二泊三日で実施しています。高校生以上のスキースタッフとボランティア二人一組でみます。一人ひとり違う障害を持った人たちには、共通のマニュアルはまったくありません。経験からその人にあった方法を私からサジェスションはしますが、基本的には担当した人の体調やその日の気象条件等を見て、スタッフがベストと思ったことをします。

ある時、二日間スキー場のレストランで泣き通し、まったくスキーをしたがらない子がいました。その子はその前年支えなしで緩やかな斜面を滑ることができていましたので、親の思いとしてはスキーをしてほしい……その思いを感じながらも、本人は泣くばかりで、スタッフの大学生はなすすべがありませんでした。

もちろんスタッフの大学生は考えうるすべてのことを尽くしていました。

その夜のスタッフミーティングで、私は「親の思いについては私の方で責任持って、今回はスキーしないこともある！と話をするので、あなたたちは心配せずに、最終日スキーをさせることよりも、来年もスキーに来たい！と思ってくれることを考えてあげてほしい」と話をしました。

そのことを踏まえながら、スタッフとボラさんは話し合い、私のところに「明日やってみたいこと」を伝えにきました。二人でこの二日間の泣いた原因を一つ一つ考えてみたようでした。重いスキー靴を履いてバスに乗ってスキー場までの移動は、歩行が容易でない人たちには負担が大きいと思って、バスには普段靴での乗車が大方の人だったのですが、そこに原因があると考えた二人の出した結論が、宿舎からスキー靴を履かせることでした。

私は「その子の状態を一番よく知っているのはあなたたち二人。二人が良いと思ったことはやってください。親への説明のフォローはします」と伝えました。翌日二人の考えは見事的中！　二日間を取り戻すかのように滑っていました。三人の晴れやかな笑顔が忘れられません……そして大変だっただけに達成感の涙もありました。

「こんな一九歳の私に一人の人を信頼して任せて、やらせてもらえる機会があって嬉しい」と図らずも言ってくれました。

このことは自分が同じ年代の時に味わったことと共通していると、思いました。そして、きっと次の世代に引き継いでくれることと実感しました。自分の居場所が与えられたり、見つけられたり、認められて育てば、きっと次の人の居場所を提供してくれる！とは体験から実感しています。

原澤　成代

❻ 町会活動を子どもたちの「要《い》場所」に

1　私たちの町会の特色

私たちの街は、戦争中、予備士官学校の教官官舎として造成されたいきさつがあるだけに、碁盤目状の道が造られ、大部分が垣根と植え込みに囲まれた一戸立て住宅地です。植込みに囲まれた一戸建てというためか、多少、孤立化の傾向はあるものの、それでも昔からの「向う三軒両隣」的な近所のつながりはありました。しかし、最近では、地価の高騰、相続問題からの世代交代、転売、転居、二代目世帯の転出等が続き、地域のコミュニケーションも希薄になってきています。また、三・四〇年前までは、空き地や屋敷森などもあって、子どもたちは戸外の遊びが十分にできた地域でしたが、最近では、空き地は全く見当たりません。小・中学生の数も少なくなり、彼らの放課後は、塾か室内遊びになっています。

2　町会の諸活動

五年前、新しく就任した町会長は、「顔の見える町会」でありたいという願いを強く訴えられました。私たち役員も心から共鳴し、防犯活動、防災訓練等、会員に参加を呼びかけ、広報活動を活発にし、地域の情報や人々の動静等をお知らせしました。ボランティア清掃を呼びかけ、特に自己責任の希薄になりがちな、幹線道路の沿道清掃を推進しました。

毎週土曜日の朝に続けたため、その成果は、きわめて大きなものとなりました。沿道の事業所や商店の方々の理解と協力も一段と高まりました。何よりも、清掃後全員顔を合わせるのですが、汗を流した後のさわやかさと達成感を、みんなで共感しあうのは、最高のよろこびです。「皆さんから健康を頂戴しているのだ」と言われる方もあるなど、さわやかな活力があふれ、地域内に交流の輪が広がりました。

こうした町会活動を進めていくうちに、役員会では、小・中学生の活動への参加が強く望まれました。その一つは防災訓練であり、もう一つはボランティア清掃への参加でした。

3　町会での活動

①　防災訓練への参加

(1)　避難拠点校での訓練……どの町会でも、一般的に行っている防災訓練は、火災予防意識の高揚のほかに、防災資材倉庫を中心に、消防署の指導のもとに、ポンプ操作やタンカー等の資材の点検、組み立て等が中心になっております。救急救命訓練も加えたりしていますが、神戸の大規模地震発生以来地域の防災対策は大きく変化してきました。各小・中学校を避難拠点として、関係するいくつかの町会が連携し、連絡会を作っています。訓練は主に、「避難者の受け入れ・安全確保」と「炊き出し訓練」です。

(2)　拠点校での中学生の参加……私たちの連絡会が行った訓練には、拠点校のボランティア部の中学生の参加応援を要望しました。自分の学校であるため、避難者の受付や部屋への誘導は、お手のものでした。はき物の扱いやトイレの位置なども承知しているので、安心してまかせられました。炊き出し後の食事の配布や片づけについても日常の慣れた場所であるだけに、手際よく素早くやってくれました。

(3)　中学生の身につけるべき防災意識……拠点校での訓練の経験から、私たちは、大規模地震発生時には、全中学生に次の事柄を心がけ、自覚してほしいと思いました。

①　各家庭では、家族の身の安全、すばやい火の始末、出口の確保に取り組む。
②　わが家の安全を確かめたら、隣近所の安否を確認するくらいのゆとりをもつ。
③　避難所に避難の必要が出た人を避難誘導する。

② **清掃活動への呼びかけ**

(1) 町会のボランティア清掃……私たちの町会では、幹線道路沿いのボランティア清掃を実施してきました。五年間実施してきた中で、小学生二名の応援がありました。町会員の喜びは大変なものでした。ぜひ中学生にも呼びかけようとの声があがりましたので、ポスターをつくり、学校長にもお願いし、全校生徒に朝礼で紹介していただきました。しかし、申し込みは一件もありませんでした。

参加者がでなかったことで、あらためて中学一年生七二名、二年生六八名、三年生七六名に、アンケート調査をお願いしました。

(2) 中学生のボランティア活動（社会奉仕活動）についての意識調査

Q１　あなたは、ボランティア活動をしたことがありますか。

	１年	２年	３年
ある	50	34	47％

Q２　中学時代にボランティア活動を体験しておくことは良いことだと思いますか。

	１年	２年	３年
思う	76	58	70％

Q３　良いと思う理由は何ですか。

	１年	２年	３年
人間関係が広がるから	26	10	12％
いろいろな人と接することができるから	35	22	41
将来の社会生活に役立つから	28	16	13
その他 ・喜んでくれる人がいるから　・人のために役立つから ・自分のためになるから　・環境がよくなるから			

Q4　あなたの地域から、次のようなボランティア清掃の案内があった場合あなたはどのように考えますか。

案　内
ボランティア清掃に、ぜひ参加を！
・時間　土曜日の朝　六時三〇分～七時
・参加できる土曜日は、各自が決めます。
・清掃用具は、準備されています。

（参　加）	1年	2年	3年
1. 自分から進んで参加したい	11	3	8％
2. 親や家族と相談して決めたい	8	4	8
3. 友達がやると言えばやりたい	25	21	32

（不参加）	1年	2年	3年
4. 部活動があって参加できない	19	24	3
5. 勉強の予定があって参加できない	6	6	11
6. 朝起きられないので参加できない	26	42	27
7. その他	5	0	11
その他の意見 ・いっしょにやる人がいないので。 ・まわりの人からまじめぶっていると嫌味を言われそうで。			

(3)　調査結果のまとめ……この調査結果からみると、中学生の約半数がボランティア活動の経験をもっており、中学時代にボランティア経験をすることは良いことだと、六、七割の生徒が考えています。しかし、具体的にボランティア清掃（土曜日の朝）の参加を求めると「参加できそうだ」という生徒は、一年四四％、二年二八％、三年四八％で、「参加できそうにない」という生徒は、一年五六％、二年七二％、三年五二％でした。しかも、参加できそうだという生徒のうち「親と相談して」と「友だちがやると言えばやる」をあわせると、一年三三％、二年二五％、三年四〇％と高い率で、良いことだとわかっていても、自分で決められないという傾向には驚かされます。併せて、参加できない理由の中に、ねむいので起きられないと言っている中学生は、一年二六％、二年四二％、三年二七％という高い割合を占めています。「自立」はどうなってい

るのでしょうか。

(4) 次の表は、放送大学教授だった深谷昌志氏の「中学生の身の回りの生活習慣」の調査結果です。

しかも、この調査は、三〇年ほど前に行った調査ですが、①いつまでも親に頼りきった生活ですし、②自立の気配が感じられません。

深谷教授は、『わかっちゃいるけど……」態度・行動が伴わない現代子の深層心理』とまとめておられますが、果たして最近の中学生はどうなのでしょうか。変わっていない空恐ろしさを感じます。

南　利夫

身のまわりの生活習慣―中学生

（%、網掛けは最頻値）

項目＼尺度	いつも親	ほとんど親	ほとんど自分	いつも自分
焼魚の身をむしること	4.5	4.9	11.0	79.6
机の上のかたづけ	0.8	8.3	26.6	64.3
耳の穴のそうじ	16.0	14.2	16.4	53.4
部屋のそうじ	7.8	26.8	34.3	31.1
自分の食器のあとかたづけ	23.6	38.4	15.2	22.8
制服の手入れ	41.2	28.1	15.2	15.5
ふとんを干すこと	41.7	33.7	13.2	11.4
運動着の洗たく	58.2	26·4	7.9	7.5
下着の洗たく	59.6	26.6	7.4	6.4

第5章　無限の可能性を開花させる支援のネットワーク

❶ 生涯学習支援と「要場所《いばしょ》づくり」

この章は、「無限の可能性を開花させる支援のネットワーク」となっています。この「無限の可能性」を持つのはだれかと言えば、子どもたちであることはもちろんですが、協議会の基本的な姿勢である「共育ち」の重視という観点からも、子どもたちだけでなくおとなたちでもあることは明白です。さらには、子どもやおとなたちという範囲にとどまらず、地域社会の可能性というものまで含むべきかもしれません。それゆえ、このような広範囲にわたる「可能性の開花」を支援するということは、こと生涯学習行政だけでは、到底、不可能なことです。多分、行政全体をもってしても難しいことでしょう。生涯学習という観点から見ただけでも、このような支援のためには、大学をはじめとする諸学校や公民館等の社会教育機関、民間企業、地域団体、NPO、社会教育や社会体育の団体、ボランティア、行政などの地域社会にある教育資源（協議会の答申文では「ねりまの宝」という表現が使われています）による広範なネットワークが必要とされるはずです。とはいえ、このようなネットワークの中で、生涯学習行政が果たすべき役割は、非常に大きいものであることも事実です。そこで、ネットワークの一部を形成する行政の立場から、このようにあったらいい、あのようにもあったらいいという多少の希望も込めながら、私どもが、現在取り組んでいる生涯学習支援施策の方向性について、若干紹介いたします。

1　学習の成果を「活かしたい」という人々の増大

はじめに練馬区民の生涯学習に関する意識について紹介してみます。調査実施時からやや時間が過ぎてしまっていますが、区は、平成一三（二〇〇一）年度に生涯学習と地域社会づくりというテーマで、区民意識意向調査を実施しました。区民意識意向調査は、毎年度、区に在住の満二〇歳以上の男女一五〇〇人の方を無作為で抽出し、さまざまなテーマについてアンケートをお願いし、とりまとめているものです。「生涯学習と地域社会づくりについて」の調査の中では、生涯学習の活動経験、学習活動の目的、生涯学習ボランティアなど二二項目について尋ねています。なかでも、生涯学習ボランティアに関する質問項目を多く入れました。

その中の一つに、「あなたは生涯学習活動によって得た知識や経験をボランティア活動を通して、地域社会に役立てたいと思いますか」という質問があります。その質問に対する回答は、「役立てたい」が三五・〇％、「わからない」が五五・四％、また、「役立てる気はない」は九・六％でした。区民全体の三分の一以上もの方が、学習の成果を他の人のために役立てたいと考えているということは、考えてみるとすばらしいことです。さらに、なんらかの生涯学習活動を「現在している」方に絞って見てみると、なんと、そのうちの五三・三％もの人が「役立てたい」と答えています。生涯学習活動を現に行っている人の過半数の人が、「役立てたい」という気持ちであるということです。

また、最近、内閣府大臣官房政府広報室から「生涯学習に関する世論調査」が発表されました。この調査項目の中に、「今後、ボランティア活動に参加してみたいと思うか」というものがありました。これに対して、「ぜひ参加してみたい」一〇・〇％、「機会があれば参加してみたい」五〇・一％と、合わせて六〇・一％の方が「参加してみたい」と答えています。性別に見ると、「参加してみたい」とする者の割合は女性で高く、さらに、年齢別に見ると、一五～一九歳、四〇歳代、五〇歳代で高くなっていました。ともかくにも、六割以上の方がボランティア活動に参加したいと考えていること、とりわけ一五～一九歳の若者が高い割合を示していたことには、勇気づけられます。

今や、生涯学習は単に「参加するもの」から、共に学び、喜びを分かち合う「参画するもの」「協働するもの」へと確実に変化しはじめていると言ってよいでしょう。

生涯学習ボランティアの活動意向

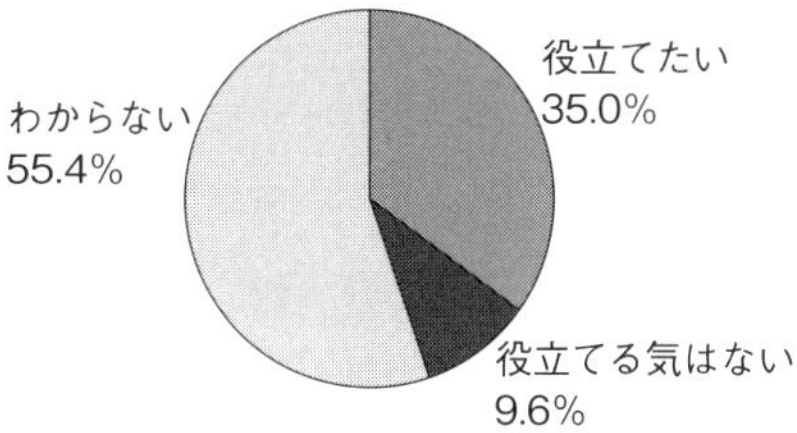

ボランティア活動への参加希望

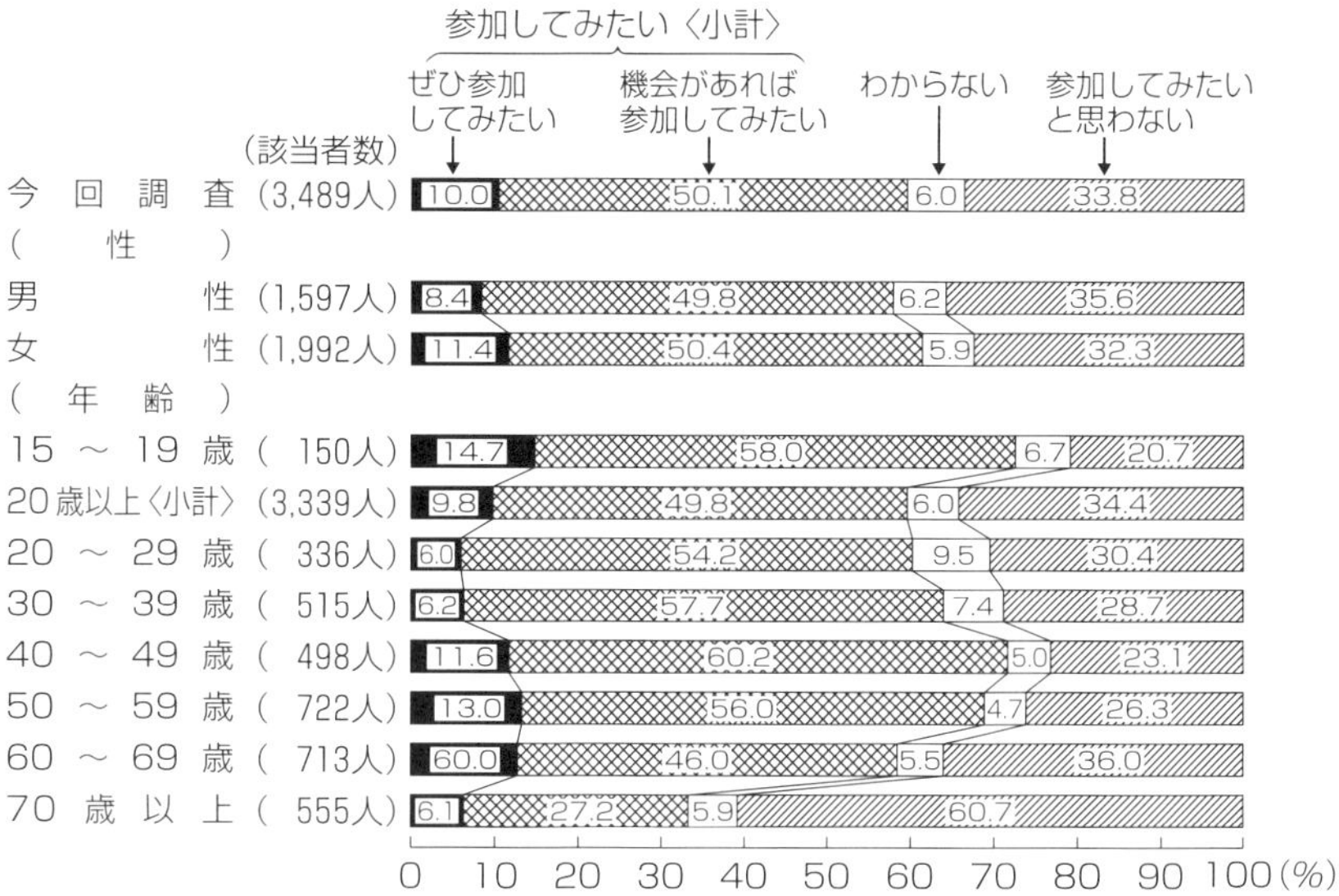

２「学びの循環」

生涯学習に関する意識の変化については、先に述べたとおりですが、このような状況を踏まえながら、練馬区教育委員会では、「練馬区生涯学習支援プラン21」という名称の生涯学習に関する行政計画を策定しています。この計画は、前身になります「練馬区生涯学習推進計画」の理念を受け継ぎつつ、施策の中心を生涯学習の「推進」から、生涯学習の「支援」に重点を移して新たに策定したものです。支援という言葉からもわかるとおり、学習を行う主体は学習者自身であり、行政はその活動を側面からサポートすべきものである、さらには、学習の機会を他の方にも提供しようとする方を積極的にサポートすべきものであるという考え方が、この計画の中心的理念です。このプランの第一期は平成一三年度から一五年度までで終了し、現在は、続く一六年度から一八年度までを計画期間とする第二期に入っています。教育委員会生涯学習部（現在は、生涯学習課、スポーツ振興課、光が丘図書館という三課体制となっています）で行うべき施策と事業を体系化したものです。

第一期のプランでは、「一人ひとりの様々な参画の力を育み尊重し、人と人、人と地域をつなぐ活動を応援します」という目標の下に学習事業を体系化しました。第二期のプランでは、さらに参画に至る過程を「学びの循環」という観点からとらえ直すとともに、「学び」を「学びあい」にまで高めることを目標に体系化をめざしました。そこで、第二期のプランの副題も「学びから学びあいへの支援をめざして」としています。プランの中でも、とりわけ「学びの循環」という考え方が、本書のテーマである「要《い》場所づくり」とも関連が深いと考えられますので、このことから説明いたします。

「知りたい」→「深めたい」→「活かしたい」という輪を「学びの循環」と呼んでいるわけですが、循環ですから、「活かしたい」で止ってしまうものではなく、「活かしたい」が、さらに新しい「知りたい」につながり、それがまた、新しい「深めたい」「活かしたい」という活動にエンドレスにつながっていくものと考えています。この循環については、輪というより渦巻きのようなもの、しかも、紙面から垂直に上昇していくようなものを想像していただければと思います。図にもありますように、「パソコンを使えるようになりたい」とか「油絵を描いてみたい」「健康のために水泳を習いたい」「友だちをつくりたい」など基礎的な学習方法やスポーツ技術の習得、さらには仲間作りなどの学習要求が、ここに入ります。この段階の学習活動は、公民館が主催する学級や講座などに参加するなど、いわばきっかけづくりともいえる学習活動となります。「深めたい」には、「図書館資料などを使って研究を深めたい」「サークルを作って学習を続けたい」「団体に参加して技術を高めたい」などの学習要求があるでしょう。ここは、個人や集団での学習活動を通して学びをさらに深めていく過程です。「活かしたい」は、「身に付けた技術を教えてあげたい」「学習した時の経験を活かして、他の人の学習活動のお手伝いをしたい」というものはもちろんですが、学習の成果を「観てもらいたい」とか、「学習内容には直接関係しなくとも、何かしらボランティア活動をやってみたい」なども含まれるでしょう。このような「学びの循環」を通して、常に新しい学習課題やそれを解決しようとする学習意欲が生まれ、人と人との関係も深まり、広がり、「生きがい」の創造にもつながっていくものだと考えられます。

協議会からいただきました答申には、「生きる励み」というものの重要性が述べられていますが、「活かしたい」という想いが実現することは、まさしく「生きる励み」につながっていくのです。

3 施策の方向と支援目標

施策の方向と支援目標が、具体的にはどのようなものとなっているのかについて紹介します。このプランでは、施策の方向として「学習

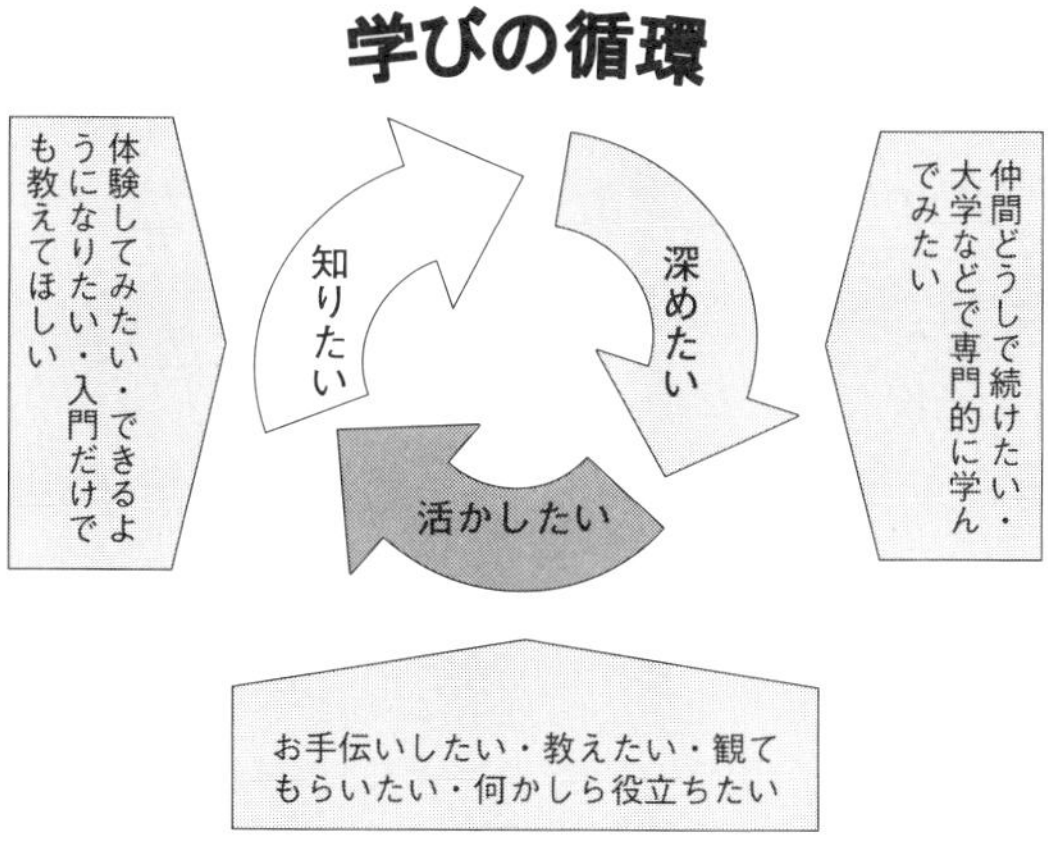

施策の方向と支援目標体系

施策の方向１　学習情報の提供・相談活動の推進と図書館機能の充実	
	（１）さまざまな手段で多様な学習情報を提供します。
	（２）生涯学習やスポーツ活動についての相談活動を充実します。
	（３）生涯学習の基盤としての図書館機能を充実します。
施策の方向２　学習機会の提供	
	（４）家庭教育や地域社会における教育の活性化を支援します。
	（５）青少年や高齢者、障害のある人々の学習機会を充実します。
	（６）暮らしや仕事に役立つ学習の機会や現代的課題について学ぶ機会を充実します。
	（７）質の高い文化・芸術活動や作品、地域文化遺産等に親しむ機会を充実します。
	（８）学校や各種教育機関等と連携した学習の機会を充実します。
施策の方向３　学習の場の提供と整備	
	（９）だれもが利用しやすく親しめる施設運営をめざします。
	（10）生涯学習やスポーツ活動のための施設を計画的に整備します。
施策の方向４　学習成果の活用方策の充実と区民参画のしくみづくり	
	（11）団体・サークルや地域人材情報を提供します。
	（12）学習成果を活かし、地域に貢献するボランティア活動の場を拡充します。
	（13）生涯学習団体やNPO等との協働事業を拡充します。
	（14）地域貢献をめざす開かれた生涯学習団体の活動を支援します。
	（15）総合型地域スポーツクラブ（SSC）を育成します。
	（16）学習成果の発表や世代間の交流を促進する機会を拡充します。
	（17）区民参画による計画づくりを行います。

情報の提供・相談活動の推進と図書館機能の充実」「学習機会の提供」「学習の場の提供と整備」「学習成果の活用方策の充実と区民参画のしくみづくり」という四つのものを考えています。また、それぞれの施策の方向を実現するために、一七の支援目標を定めています。生涯学習部で所管している一つひとつの事業は、この一七の支

援目標の下に体系化されているわけです。

協議会では、子どもたちに「生きる励み」を感じてもらうための「要《い》場所づくり」を強調していますが、「学びの循環」にある「活かしたい」という気持ちに応えるような場づくりは、まさしく「要《い》場所づくり」といえるものです。自分が生涯学習活動で学んだ成果を、なんらかの形で、他の人々のために役立てるという経験は、大いに「生きる励み」を感じさせるはずです。「要《い》場所」というものは、活かす場所としての「活《い》場所」でもあると考えられます。

横田　明博

❷ 子育て、子育ちをみんなが応援するまち　ねりま

練馬区では、すべての子育て家庭が安心して暮らすことができ、すべての子どもたちが健やかに生まれ育ち、自立することのできる社会を築くために、子どもと子育て家庭を、区民との協働により地域で支えていきたいと考え、児童憲章や児童の権利に関する条約などを踏まえたうえで、以下の四点を基本理念に「練馬区次世代育成支援行動計画　平成一七（二〇〇五）年度~平成二一（二〇〇九）年度」をたてました。

(1)　子どもの最善の利益を考えるとともに、子ども自らの「育つ力」を大切にします。
(2)　父親・母親を中心とした、家庭の「育てる力」を大切にします。
(3)　子育ての負担を家庭だけに負わせることなく、地域や職場が子どもと子育て家庭を応援します。
(4)　行政は、地域や職場と連携しながら、子どもと子育て家庭を応援します。

また、四つの基本理念を実現するため、「子育て、子育ちをみんなが応援するまち　ねりま」を計画目標に掲げています。父親・母親その他の保護者が子育てについての第一義的責任を有するという基本認識のもとに、地

域社会全体で家庭の「育てる力」と子ども自らの「育つ力」を応援することによって、安心して子育てができるまち、そして、子どもが未来に希望を持ち次代を担う力を身につけることのできるまちの実現をめざしています。本節では、この計画から「居場所、遊び場、多様な体験機会の充実」に関する施策の方向や、施策の体系を中心に紹介します。

1　現状と課題

良好な居場所や遊び場で行われるさまざまな活動の経験が、子どもたちの自立を促すとともに、社会性や豊かな感性を育んだり、情緒を安定させたり、さらには身体を鍛えるものである等のことは誰しも認めるところです。しかし、練馬区では、都市化の進展などにより、子どもたちが安全に安心して過ごせる場所が少なくなっています。また、兄弟姉妹の減少により友だち付き合いも苦手になってきているようです。そのため、遊びの中心は、「友だちとの外遊び」から「友だちと家や施設での遊び」へ、さらには「友だちと家や施設での遊び」から「家でのひとり遊び」へと進んでいるようです。小学生のいる家庭と中高生のアンケート結果（図１～３）からも、自宅で過ごす子どもが多くなっており、子ども同士の関係も希薄になっていることがうかがえます。また、さまざまな立場の大人と交流する機会も少なくなっています。これは、成長期に多様な価値観を学ぶという点から、大きな課題だといえます。このようなことからも、成長の段階に応じた居場所や遊び場の整備、多様な体験活動の機会の提供が今、求められています。

2　施策の方向

青少年館、図書館、児童遊園、公園等、子どもたちにさまざまな居場所や遊び場を提供するとともに、自然体験や芸術体験、異年齢・異世代との交流体験など、多様な体験機会の充実に努めます。

特に、子どもが安心して過ごせる学校の開放や、学校応援団、総合型地域スポーツクラブ（ＳＳＣ）の育成、こどもエコクラブ事業など、父親や母親をはじめ、地域の高齢者も含めたさまざまな世代の大人が、子どもたちに居場所や体験機会の提供を行う事業の拡充に努めます。

3　施策の体系

①　青少年館事業……青少年向けの教室・講座や、個人でも気軽に利用できる学習室、談話室、レクホールの開放を通じて、青少年の健全な育成を支援します。

②　図書館の整備……子どもの学習活動や読書活動を支援する資料提供の場として図書館を整備します。

③　民間遊び場・公（民）有地一時開放遊び場事業

（民間遊び場および民有地一時開放遊び場）……区内の民有空き地を子どもの遊び場として利用し、児童・青少年の健全な育成を支援します。

（公有地一時開放遊び場）……区内の公有地をその本来目的で使用するまでの間、子どもの遊び場として利用し、児童・青少年の健全育成を支援します。

④　青少年キャンプ場の利用促進……自然環境に恵まれた施設で、自炊やキャンプファイヤーなどを通じて自然体験を積むとともに、友人との交流を図り、人間性豊かな青少年の育成を支援します。

⑤　児童遊園・公園・緑道・憩いの森等の整備……子どもを含め区民の憩いの場として、児童遊園や公園等を整備します。また、区内に残された貴重な樹林を保全し区民に開放し、土や樹木と触れ合える場を確保します。また、児童遊園では、近隣住民による児童遊園運営委員会を設置し、児童遊園の清掃や児童の指導等を行ってもらうなど、地域と協働で子どもたちの遊び場を運営します。

⑥　学校施設の地域開放……学校教育に支障のない範囲で学校施設を、子どもを含め、地域住民の学習・文

化・スポーツ・レクリエーション活動の場として開放します。

⑦　学習・文化、スポーツに関する情報提供……学習・文化やスポーツに関する情報提供を行い、子どもの健全な成長を支援します。

⑧　子ども読書活動の推進……読書の習慣を身につける基礎となる子ども時代に、本との幸せな出会いを経験し、読むことの楽しさを知ることができるように、子どもの成長段階に応じた読書ができるように、子どもの成長段階に応じた読書ができる環境整備と機会の拡充に努めます。

⑨　芸術活動等……ジュニアオーケストラ、児童合唱団、練馬児童劇団、美術館での「子どもワークショップ」などの活動を通して豊かな人間性を育むとともに、異年齢の子どもが交流する場を提供します。

⑩　学校応援団推進事業……区立小学校ごとに設置する「学校応援団」が、地域人材の活用および放課後等の学校施設の有効活用を図り、子どもたちの遊びや学び、読書等で過ごせる場を提供する「児童放課後等居場所づくり事業」などを担うことにより、子どもたちの健やかな成長を支援します。

⑪　ねりま遊遊スクール（子どもの居場所づくり）事業……完全学校週五日制による週末等の余暇時間を活用して実施する、主に幼・小学生対象の講座です。団体に講座の企画・運営を委託したり、団体から提案された企画を施設職員が実施することにより、子どもの活動に取り組む団体の創意工夫を活かし、地域の教育力向上につなげます。

⑫　総合型地域スポーツクラブ（ＳＳＣ）の育成……子どもの多様な体験活動の機会の充実や世代間の交流を促進し、多様なスポーツニーズに応えるために、区民が主体となる総合型地域スポーツクラブ（ＳＳＣ）を育成します。

⑬　こどもエコクラブ事業……環境省が主催する小・中学生を対象とした活動で、区は事務局として支援します。

図１　平日の放課後の居場所（小学１～３年）

(n=703)（%）

	学校の校庭開放、図書館開放、クラブ活動に参加した	学童クラブにいた	塾や習いごと、スポーツクラブに行った	児童館や図書館などの地域の施設にいた	保護者や祖父母等の同居している家族と過ごした	同居していない祖父母や知人等の大人といた	子どもたちだけで自宅で過ごした	友だちの家にいた	自宅でひとりで過ごした	就寝していた	友だちがきて自宅で過ごした	家族で外出した	その他	不明
午後３～４時	6.8	17.2	13.5	6.0	26.0	0.7	2.6	12.5	2.1	0.3	3.0	0.0	4.8	4.4
午後４～５時	3.6	16.5	23.8	6.7	24.3	0.7	2.1	14.5	1.1	0.3	3.0	0.1	2.1	1.1
午後５～６時	0.1	6.7	17.9	0.9	62.4	1.7	3.1	1.8	2.1	0.0	0.4	0.1	1.0	1.6
午後６～７時	0.1	0.0	6.1	0.4	83.8	2.6	1.8	0.1	1.3	0.1	0.0	0.0	0.9	2.7
午後７～８時	0.1	0.0	1.7	0.1	91.2	1.1	0.7	0.1	0.1	1.0	0.0	0.1	0.6	3.0

図２　平日の放課後の居場所（小学４～６年）

(n=715)（%）

	学校の校庭開放、図書館開放、クラブ活動に参加した	学童クラブにいた	塾や習いごと、スポーツクラブに行った	児童館や図書館などの地域の施設にいた	保護者や祖父母等の同居している家族と過ごした	同居していない祖父母や知人等の大人といた	子どもたちだけで自宅で過ごした	友だちの家にいた	自宅でひとりで過ごした	就寝していた	友だちがきて自宅で過ごした	家族で外出した	その他	不明
午後３～４時	21.8	0.3	2.0	3.1	12.6	0.6	4.2	6.6	4.6	0.0	0.8	0.3	17.8	25.5
午後４～５時	8.3	0.1	16.1	5.9	29.4	1.0	6.9	13.7	7.0	0.1	1.3	0.4	5.9	4.1
午後５～６時	2.1	0.0	26.6	1.8	46.2	1.0	5.6	5.2	5.0	0.0	0.4	0.4	2.9	2.8
午後６～７時	0.7	0.0	23.2	0.3	65.3	1.3	3.1	0.3	1.0	0.0	0.0	0.6	1.0	3.4
午後７～８時	0.1	0.0	12.4	0.4	77.2	1.5	1.5	0.4	0.3	0.4	0.0	0.3	1.3	4.1

【資料：練馬区次世代育成支援行動計画策定に係るニーズ調査報告書（平成16年３月）】

子どもたちが主体的に行う、自然観察・調査、リサイクル等、地域の中で身近にできる環境活動を支援することにより、人間の環境との関わりについての幅広い理解を深めるとともに、多様な体験機会を提供します。

⑭　スポーツ教室等スポーツ体験……初心者スポーツ教室、少年少女スポーツ大会（少年野球大会）の開催など、スポーツ体験を通じて少年少女の交流および体力の向上と豊かな心身の育成を進めます。

⑮　こどもまつり……児童福祉週間に二会場で、一〇〇種類くらいの遊びのコーナーを設け、ゲームや工作などを楽しみます。

　楽しい遊びを通じて、親子の交流の場を提供するとともに、児童館等の児童厚生施設や子ども会、民間団体の相互交流を図ります。

以上の施策の体系に基づき、「子育て、子育ちをみんなが応援するまち　ねりま」の実現をめざすとしています。

押田　功

参考「練馬区次世代育成支援行動計画」（平成一七年三月発行）練馬区

図３　平日の放課後の居場所（中・高校生）

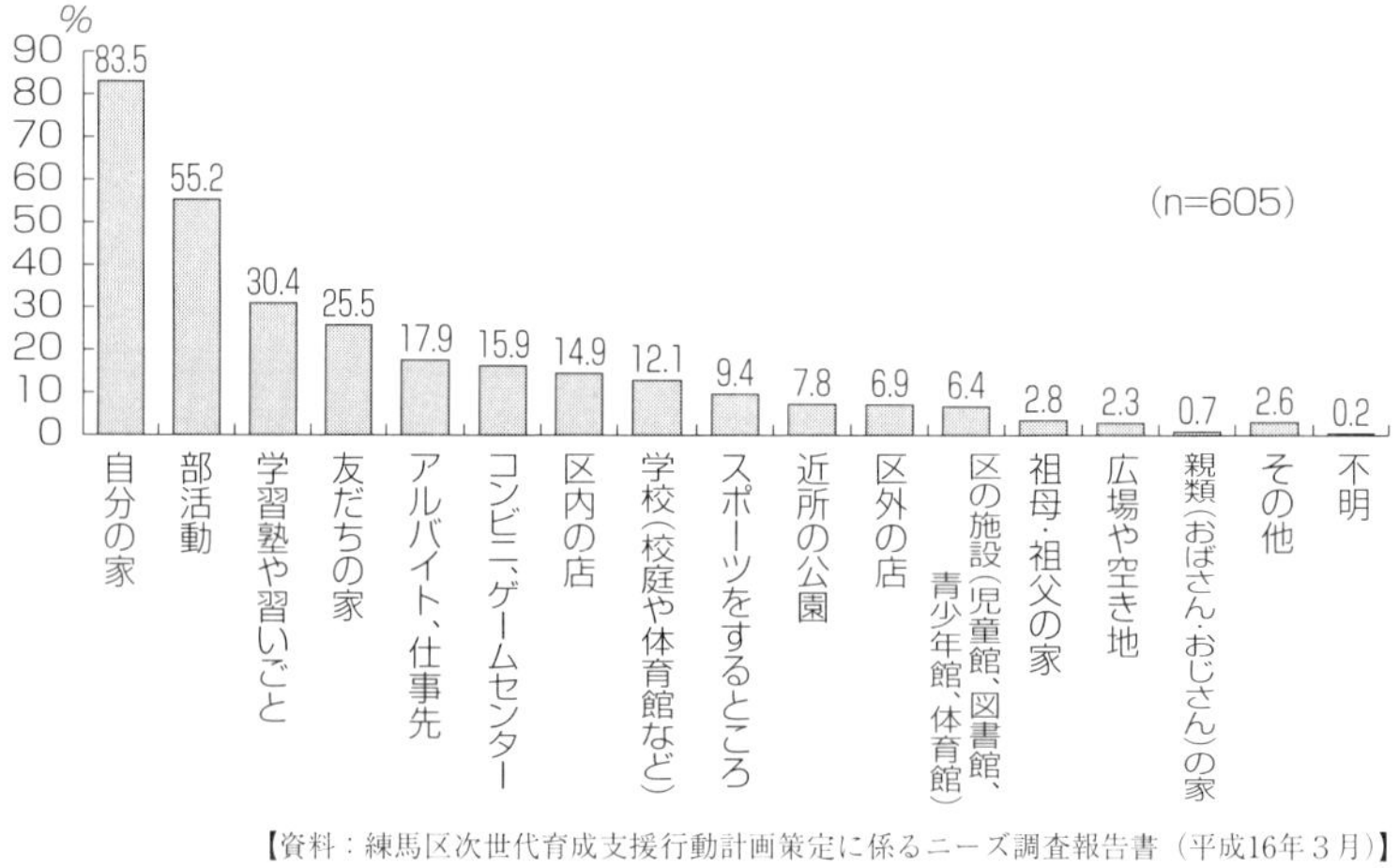

【資料：練馬区次世代育成支援行動計画策定に係るニーズ調査報告書（平成16年３月）】

③ 「要場所《い》」としての総合型地域スポーツクラブ

1　地域から豊かな生涯スポーツ社会の実現をめざす

スポーツは私たち人間の身体的、精神的な根源的欲求に応えてくれるものであり、人生をより豊かに充実させてくれる文化でもあります。また、言語の違いを超えて人々の交流を可能にしてくれる世界共通の文化でもあります。そして、生涯学習活動と同様に、地域においては、人々の交流を深め、相互の連携を促進し、地域の一体感や地域の活力を醸成してくれるものでもあります。とりわけ、都会における人間関係の希薄化や地域の連帯感の欠如などが指摘される中で、今後、スポーツ活動は地域の人々を結びつけ、地域を活性化してくれる重要な役割を果たしてくれるはずです。とりわけ、次代を担う子どもたちにとって、その成長期においては心身の両面で、必要不可欠な活動と言えます。

しかし、これまで、子どもたちのスポーツ活動と言えば、学校での教科としての体育や部活動を通して、行われることがほとんどで、地域でのスポーツ活動としては、野球、サッカー、剣道などで、いずれも競技スポーツがメインとなるものでした。体育会系という言葉がありますが、この言葉からイメージされるのも競技を中心とするスポーツ活動といえます。最近は、これまでのスポーツ観に加えて、「見るスポーツ」、「参加するスポーツ」、「支えるスポーツ（ボランティア活動）」などといった、スポーツをより広く捉えようとする新しいスポーツ観も生まれてきました。いわゆる競技会に参加するスポーツ活動だけでなく、人間の生涯にわたる健康づくりとしてのスポーツや、観て楽しむスポーツ、生きがいとしてのスポーツ、さらにはみんなで支え合うスポーツまで含めた、いわゆる人間的成熟と「生」の充実をめざす生涯スポーツという考え方が生まれてきています。国においても、「国民の誰もが、それぞれの体力や年齢、技術、興味・目的に応じて、いつでも、どこでも、いつまでもスポーツに親しむことができる生涯スポーツ社会を実現する」（平成一二年九月告示「スポーツ振興基本計画」）ことを大きな政策目標として掲げています。

そこには、二一世紀の生涯スポーツ社会実現のための重要な施策として「総合型地域スポーツクラブ」の育成が掲げられており、平成二二年までに全国の市町村に少なくとも一つは総合型地域スポーツクラブを誕生させていこうとする計画になっています。この総合型地域スポーツクラブの理念は、「地域」と「交流」というキーワードの中に託されており、地域の子どもたちのスポーツ活動の充実を図り、さらには地域の連帯意識の高揚や、世代間交流による地域社会の活性化や再生を担うものとして期待されています。このクラブは「地域の人々が自主的に組織し会費により運営する」、「クラブの活動拠点をもっている」、「複数種目のスポーツが楽しめる」、「子どもから高齢者まで多世代交流型である」、「優れた指導者がいて一貫指導ができる」、「クラブが主催するスポーツ事業が地域に提供される」などの特徴をもつものであり、これまでの単一種目、同一年代の小規模なクラブとは異なる、地域を主体とする新しい理念にもとづいて運営されるものです。国や都では、このクラブづくりに力を注いでおり、「東京スポーツビジョン」（平成一三年七月）でも、「地域スポーツクラブの育成」を最重要施策として掲げています。

2　育くみ育くまれるしくみづくり

練馬区でも、平成一二年度から一四年度の三カ年にわたり国のモデル市町村として総合型地域スポーツクラブ（ＳＳＣ）の育成を行ってきており、平成一五年四月からは、六カ所ある区立体育館を拠点に、六つのＳＳＣが、特定非営利活動法人（ＮＰＯ）として自主的に活動を行っています。この練馬区でのクラブ育成は都市型モデルとして、全国から多数の視察をいただいています。

さて、総合型地域スポーツクラブ（ＳＳＣ）は、会費制による運営ですが、年会費を納めれば、だれもが会員となりクラブ活動や事業に自由に参加することができますが、同時に、クラブの会員は、自らクラブの運営に積極的に参加して、「クラブの発展」のためになんらかの役割を担うことが求められます。この点が、非常に重要な点だと思われます。練馬区地域教育力・体験活動推進協議会では、「要場所」について、「子どもたちが、かけがえのない存在として地域社会の中で活かされ、感謝され、必要とされる場所」と説明していますが、総合型地域スポーツクラブのメンバーに求められる「クラブのための役割を担う活動も行っていく」ということも、この「要《い》場所」の考えに通じるものだからです。極端にいえば、これまで、社会教育事業にしても、スポーツ事業にしても、住民は行政などの主催者が用意した場に、参加者として出席すれば、それだけで済むというものでした。しかし、この総合型地域スポーツクラブは、これまでの行政中心となって進められてきたスポーツの振興を、住民自らが自主的に進めていこうとする理念に支えられています。子どもたちが、このようなクラブに参加することによって、おとなたちが自主的に活動する姿を見ることになるでしょうし、ある時は、なんらかのお手伝いをするようなこともあるでしょう。そして、このような雰囲気のクラブの中で育った子どもたちは、やがて青年となり、おとなになった時に、自然に、次代の子どもたちのためのスポーツ活動にそっと手助けするような心情も生まれてくるのではないでしょうか。まさしく、総合型地域スポーツクラブには、子どもたちの「要《い》場所」としての可能性が無限に秘められていると考えます。

以下、実際のクラブで、どのような事業が行われているかを表で紹介してみます。表1は、「スポーツクラブホワイエ上石神井」の目的を紹介したものです。この目的にもあるように、従来の単一種目別のスポーツクラブ、サークルの考え方からは大きく異なっているだけでなく、異世代間の交流や地域でのコミュニケーション機能を高めようとするなど要場所づくりの考えと方向を同じにするものです。

また、表2は、「SSC谷原アルファ」というクラブが平成一六年度に実施した事業例です。この例に限らず、どのクラブも、地域や施設の状況に応じて、さまざまな活動メニューを提供してくれています。陶芸教室やクリ

表１

スポーツクラブホワイエ上石神井の目的（定款）
この法人は、練馬区及び近隣地区住民を対象として、スポーツ・レクリエーションの教室や大会、交流イベント等の事業を行い、この事業を通して老若男女、あらゆる層の地域住民がいつでも自由に参加し世代間交流を促進すると共に、自主的・積極的な活動を促し、クラブを中心とした地域コミュニティの育成を図り、健康で明るい街づくりに繋げることを目的とする。また、「地域スポーツ情報提供」（ホームページによる施設、指導者、サークル、地域のイベント・行事等の紹介、活動状況）事業によって、住民として必要かつ身近なスポーツ情報提供と地域スポーツ活動の活性化を図る。

表２

1	定例クラブ活動	スポーツ天国 健康ストレッチ
2	スポーツ教室	幼児・小学生初心者水泳教室 ステップアップ水泳教室 フォローアップ水泳教室 バドミントン教室 スキー教室 遊遊スクール（完全学校週５日制による週末の余暇時間を活用して実施する小中高校生対象の講座）
3	スポーツ大会	ラケットテニス交流会 体育の日記念事業 法人格取得２周年記念事業
4	イベント事業	自然体験ふれあいキャンプ 巾着田ウォーク 多摩湖ウォーク 七福神ウォーク
5	協力・連携事業	第22回ねりまこどもまつり 練二小学校葉かげの集い 谷原小学校開放まつり ねりま健康フェスティバル
6	文化活動	寺子屋（カラーコーディネート、ものしり博士になろう、陶芸教室、紙飛行機を作って飛ばそう、裂き織、マジック講座）
7	啓発事業	講演会
8	広報活動	会報 入会案内 スポーツ教室・大会案内チラシ・ポスター
9	研修活動	SSC 実践講座など
10	地域スポーツ情報提供活動	ホームページ

スマスコンサート、商店会行事への参加、三線や太鼓のワークショップなど、従来のスポーツクラブやサークル活動では考えられなかったような特色あるプログラム（活動）が用意されています。生涯スポーツ活動が総合型地域スポーツクラブの自主的な活動として多彩に行われていることがわかります。表３には現在ある六つの総合型地域スポーツクラブの平成一七年五月現在の現況を示しておきました。

佐々木　義雄

表３　NPO 法人「総合型スポーツクラブ」（SSC）の現況

平成17年５月31日現在

クラブ名	会員数	財政規模 16年度 決算額（千円）	16年度 事業数	16年度 稼動日数
NPO 法人 SSC 谷原アルファ	188名	4,639	28コース	102日
NPO 法人 スポーツコミュニティー桜	80名	1,343	26コース	199日
NPO 法人 スポーツクラブホワイエ 上石神井	119名	2,411	20コース	116日
NPO 法人 総合型地域スポーツクラブ 平和台	248名	3,246	40コース	229日
NPO 法人 光が丘総合型地域スポーツ・レクリエーションクラブ	240名	3,027	32コース	180日
NPO 法人　コミュニティネット SSC　大泉	280名	5,508	30コース	153日

４ 夢の世界への案内人
――子どもたちを図書館へ

1 子どもたちの現状への問題意識

① 子どもの読書活動に関する法律

平成一三年議員立法により、「子どもの読書活動に関する法律」が制定されました。国を挙げて子どもの読書活動を推進しようというものです。本来読書といえば、趣味の範疇に属することで、個人的な事柄といっても良い。それを法律を定めて推進しようとする背景には、おとなたちの危機感が見えてきます。一つは国際比較での子どもたちの学力の低下、もう一つは、テレビ、ビデオ、ゲームなど映像文化の浸透により活字離れ、読書離れが進んでいること、こうしたことが、子どもたちの問題行動に繋がっているのではないか、というものです。

② 読むことは考えることに繋がる

人は言葉を使って考えます。言語能力の豊かさ、論理性は思考を経て人格形成へとつながります。初期の読書は、読む、あるいは読んでもらうことの楽しさを知ることが重要で、おとなになれば楽しいだけの読書ではない場合もあります。

読書は疑似体験の場であり、想像力を育むことにつながる。想像力が大切なのは、自分以外の人が、どう感じるか、どう行動するかを思い描けること、つまり相手の立場や気持ちを理解する力をつけることにつながるからです。

経験（体験）しなければ解らないこともあるかもしれない。体験が人を大きく育てるのは事実です。しかし、体験しなくてもよいこともいろいろある。それらを擬似的に体験できるそのことが大切で、それが映像や音響ではなく文字、言語を媒体として行われることが重要なのです。感動、怒りや共感、そうした心の動きを読書を通じて体験することが言葉を通じて、物事を理解する能力を育てることになります。

さらに、感情や欲求を一方的な行動のみで表すことによって生じるトラブル（怒りの爆発、暴力など）の背景には互いに理解するためのコミュニケーションが不足していることがあります。言語能力の未発達や経験不足が言葉によって物事を解決したり、理解しあうことができないという状況を招いているのではないでしょうか。子どもも達がコミュニケーション能力という理解や共感に通じる重要な手法を獲得せずに大人になるとしたら、子どもにとっても社会にとっても大きな問題です。

2　図書館の現状と役割についての考察

①　読書の現状

公共図書館は子どもから大人まですべての年齢の方が、趣味や学習のために図書や資料を求めて日常的に利用する施設です。練馬区には一一の図書館があり、ネットワーク化されています。住宅地として今も人口が増加し続けている練馬区では、図書館整備が現在も続けられています。利用登録の状況は〇～六歳は約二〇％（約八七〇〇人）、七～一二歳は七八％（約二万七〇〇〇人）、一三～一八歳は約八〇％（約二万八〇〇〇人）、区全体の登録率は約三三％（約二二万三〇〇〇人）です。図書の貸出しは、年間約四六〇万冊でそのうち、児童、青少年向け図書の貸し出しが一五五万冊。〇～一八歳の登録者数で割ると一人当たり一年間に二四冊の本を借りていることになります。

東京都が行った小中学校の児童生徒の読書の状況に関する調査によると、一カ月間に一冊も本を読まなかった率（不読率）は、小学校一年生で六・六％、六年生は一六・七％、平均八・四％、中学生は一年生で二八・四％、三年生は四〇・九％、平均三四％という結果が出ています。また、小学生が一カ月に読む本の数は平均六・九冊、中学生は一・九冊。さらに気になるのは、「あなたは本を読むことが好きですか」という質問に、「好き」「どちらかといえば好き」と答えたのは、小学一年生で九一・八％、中学三年生は六二％で、小中学生共に年齢が上がるにつれて、「好き」「どちらかといえば好き」と答えた人数が少なくなり、本を読むことが「嫌い」「どちらかといえば嫌い」とこたえたのは、小学生平均で一三・九％、中学生平均で三五・六％でした。三人に一人が読書嫌いになる前に、早い段階から子どもの発達段階に応じた働きかけと環境づくりが必要になっています。

②　図書館へおいでよ

こうした認識に基づいて練馬区では平成一六（二〇〇四）年三月「練馬区子ども読書活動推進計画」を策定し、区を挙げて子どもの読書活動の推進に取り組むこととしました。

区立図書館では、自発的な図書館利用者へのサービスの充実は元より、今後は、図書館を利用したことの無い人々への図書館利用の拡大に力を入れていきます。さらに図書館が積極的に学校や地域へ出向いて読書活動を推進するという新たな役割を担うこととしました。

３　本との出会い二つのプログラム

①　生後四カ月からの図書館へのいざない　事例１

イギリスで始まったブックスタート事業

ブックスタートは、一九九二年、英国第二の都市バーミンガムでのパイロット・スタディ（試験的実施）で、三〇〇家庭を対象にブックスタートパック（乳幼児絵本二冊・赤ちゃんと本の時間を持つ際の保護者向けイラストアドバイス集・絵本のブックリストなど）を配布したことから始まる。

一九九八年、ブックスタートに大きな転機が訪れた。英国には、起業や団体からの支援が必要なプロジェクト推進団体と、プロジェクトに支援したいと考えている企業や団体が出会う「ビジネス・イン・コミュニティー」という場がある。そこで、全国に四五〇店舗を持つ英国第二のスーパーマーケット・チェーンであるセイズベリーズと二年間で六〇〇万ポンド（約一〇億五千万円）の支援契約を結ぶことになった。このナショナルスポンサーの巨額の資金援助によってパックの内容の質が向上し、活動の推進方法もある程度標準化された。そのため二〇〇〇年には英国全土の九〇パーセントの自治体がブックスタートを実施している。

ブックスタートは、ウエンディ・クーリングさん（現ブックトラスト顧問）のアイディアから始められた運動です。発案のきっかけは、小学校に入学した子どもの中に、本を本として扱うことを知らない子どもが居るという事実からでした。ページをめくれば新しいストーリーが始まり、一冊の本にはひとつの世界が描かれているということを知らない子どもが居たのです。本がどのような機能を持ったものかを理解せず、投げたり、匂いをかいでみたりする子どもを見て、就学前のできるだけ早い時期に、すべての子どもに本と出会う機会を提供する必要性を感じたという。

英国では近年急速な勢いで多民族国家への道を辿っていることによる、識字率の低下が大きな社会問題になっており、ブックスタートの広がりの背景には、そのことに対する強い危機感がある。同時に、現代人の活字離れの影響から、中産階級の家庭でもまったく本に関心を持たない若い世代の保護者が増えているという現状もありました。

日本では、平成一二年「子ども読書年」をきっかけとして「子ども読書年」推進会議によってブックスタートが紹介され運動が試験的に開始されました。翌年四月、先駆的な一二市区町村から開始し、現在全国で七〇〇を超える自治体で実施されています。

練馬区では平成一四年四月から、区内六保健相談所を会場として、四カ月乳児健診の際に絵本二冊、イラスト

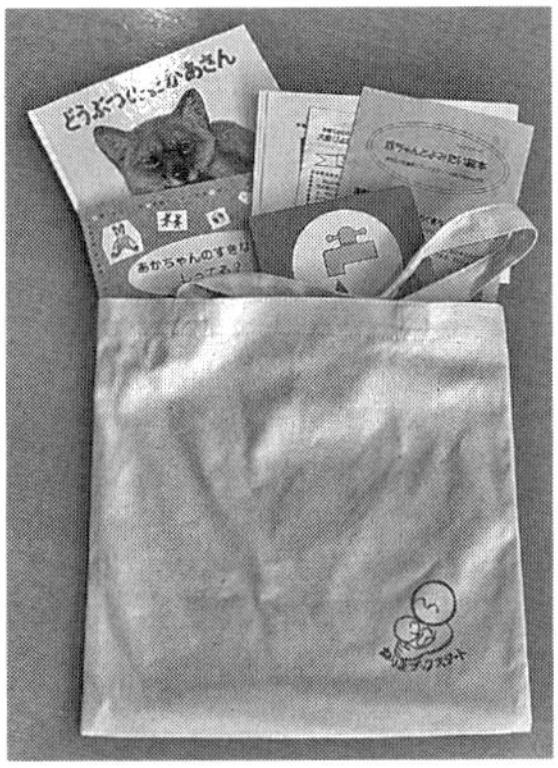

練馬区の平成17年度「ブックスタートセット」

アドバイス集、図書館の案内や幼児向けブックリストを配布し、読み聞かせや手遊び、わらべ歌などを盛り込んで、図書館、ボランティア、保健相談所の三者が協力して、ブックスタート事業を開始しました。

その後四か月健診が二日間から一日へ変更されることを受け、図書館を会場として実施することとし、具体的な内容やＰＲ方法などを、プロジェクトチームにより検討しました。四カ月健診は九五％以上の受診率でしたので、これまでは確実にほとんどの対象者に手渡すことができていました。図書館で実施するうえでの課題は、やはりどれくらいの方に図書館にきてもらえるかということです。「どうしたら図書館にきてもらえるか」これは練馬区の図書館にとって、初めて直面した課題でした。

プロジェクトチームでは、できるだけ参加の機会を増やすため実施日を多くしよう、オリジナルの布製バックをつくろう（それまでのビニール袋は評判が悪かった）、その場で赤ちゃん名義の図書館の利用カードが作れますとＰＲしよう、保健相談所での案内や掲示方法を工夫しよう……などアイディアを出し合い、平成一七年四月からは区内一一図書館全館で実施しています。

ブックスタートで本との出会いを果たした子ども達がその後どのような読書生活を送ることになるのか、その成果が現れるのはまだまだ先のことかもしれません。ブックスタートで蒔かれた種が芽を出し、すくすくと育つか否かは、家庭や地域、学校そして図書館など子どもたちを取り巻くあらゆる人々が、水を与え肥料を加え育んでゆくことができるかどうかにかかっています。

②　本とクイズが学校へやってくる　事例２

ねりまオリジナル「本の探検ラリー」

〈時空を越えて〉

『鏡のなかのねこ』で、美術館で石の角に頭を打ったイリンが目覚めたのは、古代のどこの国でしょう。

〈怖くて不思議な話〉

『創竜伝』に出てくる超能力兄弟の従姉妹の名前は何でしょう。

〈歴史を舞台に〉

新撰組を題材にした『夢幻戦記』の主人公のモデルはだれでしょう。


答えがわかりましたか。これらは、練馬区が行っている読書啓発プログラム「本の探検ラリー」の中学生用の問題の一部です。

約四〇〇冊の本がテーマごとに並べられ、三～四テーマが一つの島のように会場内に配置されます。子どもたちは問題用紙をもらい本の探検ラリーに出かけます。問題用紙には六～七問のテーマの異なる問題が書かれています。複数の島を巡り、本の森を問題の中のキーワードからめざす本を見つけ答えを探します。全問できたら解答用紙をもらい自分で答え合わせをします。問題用紙はA～Jの一〇種類、次々と問題用紙を受け取り答え探しに熱中する子もいれば、気に入った本を読み始める子もいます。これはある日の中学校での様子です。「本の探検ラリー」はこれまで図書館を会場として実施してきましたが、「このプログラムを学校へ持っていったらどうだろう」ということで、中学校二校でモデル実施することとしました。学校へ募集したところ五中学校から応募があり全五校で実施することにしました。

「本の探検ラリー」図書館で実施
幼児コーナーの様子

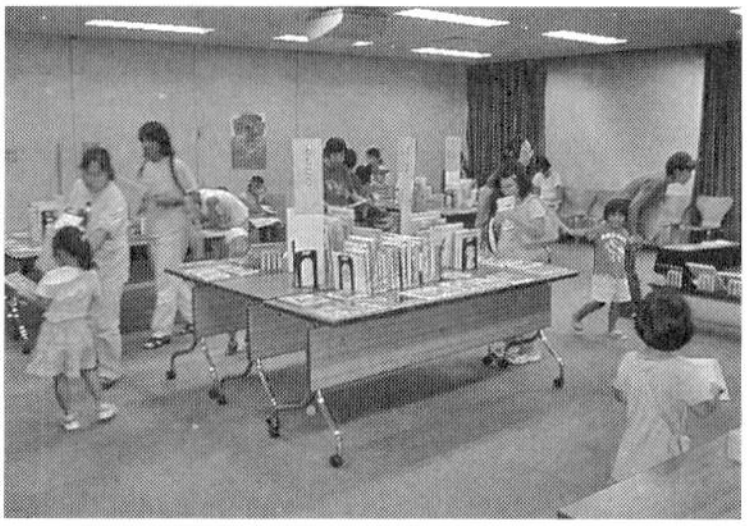

「本の探検ラリー」図書館で実施

実施後学校から参加した子どもたちの感想が図書館に贈られてきました。本好きな子はもちろん喜んでいましたが、中には注文を寄せる子もいました。特に嬉しかったのは、本を読むのはあまり好きじゃないけどという子からの楽しかった、本を読んでみようと思った。という感想が多数あったことです。普段はほとんど本を読まないと正直に書いてくれた子もいました。先生方からも子どもたちがこんなに熱心に取り組むとは思わなかったという感想や、このプログラムの有効性を高く評価して下さる言葉もいただきました。中には来年も是非本校で全学年で実施して欲しいといった要望もありました。

このプログラムは、図書館と地域で活動する「ねりま子どもと本ネットワーク」というボランティアグループとの協働で実施してきたものです。これからも図書館では幼児児童向けの「本の探検ラリー」を実施し、小学校や中学校へは本と問題などをセットにして貸し出せるような体制を整えていきたいと考えています。

4　図書館から練馬の子どもたちへ

なぜ、おとなたちは子どもたちに本を読んでもらいたいのでしょうか。二つ理由を考えてみました。ひとつは、本を読むことによって得られるであろう能力、機能への期待です。もうひとつは、おとなたちが読書自体が喜びや楽しみになるということを知っていて、子どもにも知ってほしいと思っているからです。

「本の探検ラリー」中学校で実施

おとなたちがいろいろな期待を抱いて子どもたちに読書を勧めています。しかし中には本との出会いをなかなか果たすことができない子どもたちもいます。本との出会いが学校の教科書が最初で、本を読むこと自体が嫌いになってしまった、などということもあるでしょう。今図書館が取り組み始めていることは、ブックスタートを通じて多くの子どもたちにできるだけ早い時期に本と出会う機会を提供したいということ。さらに「本の探検ラリー」というプログラムを使って、学校教育の場で、教科書とは違う、つまり授業では出会うチャンスの少ないような本にも学校という場で出会う機会を提供しようというものです。

子どもたちが生涯に渡って自ら学び、問題を解決し、人生を能動的に生きるために必要な、基礎的技術としての読解力や、言語による表現力をすべての子どもたちが身につける機会を得られるということが重要です。そのために図書館が担うべき役割は大きいと考えます。さらに、技術としてだけでなく、本の持つ力と本を読むことの楽しさを知っていれば、人生のいろいろな場面で人々を励まし、慰め、新たな一歩を踏み出す契機を与えてくれる、そんな本に出会うこともできます。子どもたちが本との出会いを繰り返す中で、大きく成長することを願いつつ、図書館に一人でも多くの子ども達が足を運んでくれるよう、これからも、図書館の充実と利用普及に努力することが図書館の大切な役割だと思います。

図書館が子どもたちにとって、大切な居場所であり続けられますように。

子どもたちへのメッセージ

（練馬区子ども読書活動推進計画発達段階別取組一覧より抜粋）

おとなになる練馬の子どもたちへ

小さい時に大好きだったあの絵本、
おぼえていますか。
大人になっても本は頼りになる友達の一人です。
これからの長い人生をあなたらしく幸せに生きるためにも、
きっと役立つはずです。
そして、ちょっと心が疲れたら、図書館で好きだったあの絵本、
開いてみるのもいいですね。

ラポは練馬区の生涯学習マスコットです。

齊藤　久美子

第6章　未来への飛翔：子どもたちへ夢とロマンを
――ノーベル賞受賞者小柴先生に追いつけ追い越せ

ナバホ・インディアンの言葉に「この大地は、我々が先祖から譲り受けたものなどではない。我々が子孫から借り受けているものなのだ」というのがあります。私は、この力強い信念に、心は大いにゆすぶられました。

1　子どもたちに「生きる力」と「生きる励み」を！

この願いは、私たちの「練馬の教育を語る会」（以下「語る会」と略）が、常に活動の中核に据えていた大きな願いです。

近年の社会経済情勢の変化が、子どもたちの意識や価値観に対して、さまざまな影響を与えているように思われます。特に社会のルールを守れない青少年の増加はたいへん気になります。

人は言語や規範意識を、理屈ではなく、自然の中で「生きる力」や「感じる心」を培い、異年齢集団で行動することによって、言葉や社会のルールを身につけ、社会性を養ってきました。しかし、都市化や少子化時代を迎え、自然体験も少なく、親子の対話や、地域社会の連帯も薄れ、青少年の社会性や「生きる力」が失われつつあります。

今、青少年の粗暴で凶悪な犯罪が低年齢化し、小学生女子の刺殺事件には、日本中が震撼させられました。社会全体の風潮も不安定な中では、子どもたちが明るい希望と展望を切り拓くことは困難です。せめて練馬に住む子どもたちに、明るく健やかに育ってほしいとの願いから「練馬の教育を語る会」の結成三〇周年を記念して、子どもたちのための講演会を企画することになりました。そして、この講演会には、ノーベル賞受賞者をお招きすることが、私たちの強い願いでした。

感受性豊かな少年少女時代にこそ、懸命に研究に打ち込まれた科学者の生の声に接し、世界最高峰の英知に触れ、その人柄にじかに接することは、子どもたちの心を大きく揺り動かすものと信じました。

2　講演会――心に夢のタマゴを

平成一六（二〇〇四）年六月一九日（土）武蔵大学大講堂において、ノーベル物理学賞を受賞された小柴昌俊先生をお招きして「心に夢のタマゴを」という演題で講演をいただきました。小・中学生を含めて約八〇〇名の参加者がありました。「本もの」に接してもらいたいという私たちの願いが実現できたことは、大きな喜びでした。小柴先生の温かみのある穏やかな語り口に、子どもたちも熱心に耳を傾けました。小学生を連れた父親や大学生の姿も多く見られました。

3　多くの方々のご協力と応援

講演会の実施に当たっては、企画した趣旨を広く会員に知らせ、平成一五年六月の総会で提案し、承認をもらいました。併せて、特別委員会「小・中学生の心を育む会」を結成し、渉外関係と広報、案内、文書関係とポスター作成等の役割を分掌しました。ノーベル賞受賞者の白川英樹先生、野依良治先生と交渉をとらせていただき、九月に至り、小柴先生と交渉をもつことができ、幸運にも、来年六月ならとのご返事をいただきました。

最も難渋したことは、会場の確保でした。講師が都合をつけてくださった日程に、公共施設の確保ができない状況が続いたのです。

区内のあらゆる施設を再点検するとともに学校体育館も対象に加えてみました。幸いなことに、生涯学習の機会を練馬区民に提供してくださっている武蔵大学が、大講堂を無償で提供してくださることになり、計画が一気に進みました。古い建物ですが、小・中学生にとっては、大学の構内に入ること自体初めてのことであり、学問の府としての雰囲気にふれたことは、貴重な体験になったはずです。大学側も、ノーベル賞受賞者をお招きするということで、会場準備には細かい配慮をしてくださいました。ノーベル賞受賞者の講演を、大学の大講堂で行うことは、誠に当を得た処置であったとあらためて多くの方々に感謝いたしました。

今回の講演会には、学校を通してチラシやポスターを配付したり、小・中学校校長会、PTA連合協議会にもご理解ご協力をお願いし、子どもたちへの衆知をはかりました。PTAのOB会との連携をはかったため、倫理研究所等区内の多くの方々から激励・応援をいただき、力強く計画を推進することができました。

なお、幸運なことに、読売新聞社が「夢追う大切さ　小柴さん語る」の記事を出して下さいましたので、他区の方々からも参加問い合わせの電話が殺到し、関心の高さを痛感いたしました。新聞による情報提供の強さに感服いたしました。

4　子どもたちの感想文から

小柴先生のお話を聞いて、次のような感想文が寄せられました。

・小柴先生は、とても努力家だと思いました。一カ月間猛勉強した話が印象に残りました。やっぱり科学が好きだという気持ちと努力が大切だということがわかりました。そのことをぼくも見習っていきたいです。（小六男）

・小柴先生は「物理学は無理だ」と言われたのに、なぜノーベル賞が取れたのだろうと思いました。友達に家庭教師をたのみ、必死に勉強したそうです。この話を聞き、ぼくは努力したつもりになっていないか、反省

しました。（小六男）

・どんな功績も全ては、夢や事をなそうとするきっかけが必要だと心に残りました。（中一男）

・講演会では「受動から能動へ」と改めて自ら動くことの大切さを認識させられた。本当にためになった講演会でした。（中三男）

・ニュートリノの研究のために神岡鉱山の地下に大きな装置を使って観測したという小柴先生の話を聞いて、そのスケールの大きさに驚きました。子どものころの話も聞けて面白かった。（中三女）

・私は、ニュートリノが活用されないというのが、とても印象的で不思議でした。でもみんなが知らないことを調べるのはすごいと思います。ノーベル賞をとるまでの小柴先生の姿がとても印象に残りました。研究グループでのリーダーへの抜擢はさすがだと思います。（中三女）

5　希望と勇気と夢を育む「要《い》場所」

講演の後、小柴先生は、時間を延長して、子どもたちの質問に、一つひとつ丁寧に、しかも易しく答えてくださいました。子どもたちにとっては、誇りを感じた時間であり、自立心、生きる励みが心にわき立つ機会でありました。

Q1　小柴先生の小さい頃の夢を教えてください。（小六男）

A　あのね、私小さい頃の夢というのは、いくつかありましたよ。だけれども、中学一年の時に、小児麻痺という病気をやったために、その全部ね夢見たってダメだということになっちゃったの。……小学生の時は実を言うと遊ぶことばかり考えていました。メンコとかベーゴマとかね。……申し訳ない。

Q2　小柴先生が、物理学者になってから、一番嬉しかったことはどんなことですか。（小六男）

A　そうだな、ふーん、……委員会から電話が来て、あなたの賞が決まりましたよと言われた時は、そりゃあ嬉しかったですよ。さっきお見せしたね、超新星のニュートリノがね、ちゃんとうつっていたというのを見た時も嬉しかったですね。悲しいこともいろいろあるけどね、……悲しいことのほうが多いの。一番ねぼくが期待していた教え子が、急病で死んじゃったりね、そういうことがあると本当に悲しいです。

Q3　ニュートリノは、水を通り抜けるのですか。（小五女）

A　あのね、ニュートリノというのは、大部分は水をすっと通り抜けちゃうんです。でも、たくさんたくさん通り抜けているうちに、ごくごくまれにその中のひとつが、ぽんと電子をたたき出すわけなんです。いいですか。

Q4　ニュートリノは、どのくらいの大きさをしているのですか。（小六男）

A　ニュートリノばかりでなくて、素粒子というのは、全部大きさゼロなのです。半径ゼロ。だから広がりはぜんぜんなし。広がりがあったら、もう素粒子ではないんです。

Q5　先生が、今まで研究を続ける上で、一番大変だったことは何ですか。（中二男）

A　大変だったこと、そうだな、さっき話したシカゴ大学で国際共同研究の大計画が、途中で失敗に終わりそうになったのを、何とかしろといわれた時、これは大変なことだったんです。

もうひとつ大変だったなと思ったのは、私ども神岡の地下実験、つまりニュートリノ実験ばかりではなくてね、ヨーロッパで電子とその反粒子である陽電子と、これをお互いに正面衝突させて、それでどういう素粒子ができるかという実験を、ずっとやってきているの。大きな国際共同実験でやっているんです。

それの一番最初は何かというとね、ソ連の立派な学者のブドケルという人なんです。私を夕食に呼んで、誘いをかけてきたんです。その頃は、電子と陽電子の衝突で実験しようなんていうのは、世界中で物好きしかやっていないんです。ブドケルという人は、シベリアに電子陽電子衝突装置を作っている。だけれども、それを使って本当にちゃんとした素粒子の実験をやれるだけの力は、私どもの研究所にはないと。あなたがグループのメンバーを連れてきて、うちの研究所の連中と一緒になって国際共同実験で素粒子の実験をやってくれないかという話なの。

それでね、考えてみたらね。電子と陽電子をぶつける、それで何が起こる。これは面白いかもしれない。考えれば考えるほど魅力がある。それでソ連との共同研究をやろうという計画が進められたわけです。

ところが、ブドケル先生が心臓麻痺で倒れちゃったのです。共同研究はできなくなってしまいました。私は、西島という先輩と、ヨーロッパのいろいろなところを回って、どういう可能性があるかを調べて、相談し話し合いました。結局ドイツのハンブルグにある国立研究所で、当時作っている最中だった電子陽電子衝突装置で、実験を共同研究でやるということにようやくまとめられました。

Q６　ぼくは、小さい時からドラえもんが好きでした。ドラえもんの道具の中で、タイムマシンやどこでもドアーがありますが、このような道具は、実現することがあるのでしょうか。（中一男）

A　タイムマシン、えらい難しいことを言い出しましたな。あのね、タイムマシンと言うのは、おそらく想像の中だけで可能なんでしょうね、きっと。実際にね、時間を逆向きにするということは、これはわたしの個人的な予想ですけれどね、いくら科学が進んでも時間を実際に逆向きに動かすということは、できないだろうとぼくは思います。

Q７　ノーベル賞をとる前ととった後で、生活面で何か変わったことがありますか。（中二男）

A　たいへん変わりましたね。昔ののんびりした生活は戻ってこない。第一ノーベル賞をもらわなかったらね、ここに引っ張り出されて、話すこともなかったと思います。

Q８　実際にニュートリノというのは生活にどう役立つのですか。

A　他でも何べんも聞かれたのですけれどね。多くの場合答えたのはね、百年経っても役に立たないでしょうといったのですけれど、あまり愛想がないから考えてみたら、こういうことがあるんです。例えば、神岡でスーパーカミオカンデという二台目の実験、さらにその三台目の実験というのも、神岡で今どんどんりっぱなデータを出して、世界が注目しているんです。あの小さな神岡という町でね。

今ではね、世界のニュートリノ研究のメッカといわれるくらいになっています。神岡の実験に、共同研究者としてアメリカの学者だけで、一三〇人以上います。

今話した三台目の実験、これは何を測っているかというとね、スーパーカミオカンデというのは、太陽からのニュートリノを測ります。太陽からのニュートリノは、ニュートリノの中でも電子ニュートリノといって、電子と組になったニュートリノなんですね。他の種類のニュートリノもあるんですよ。三種類あるんです。

第三世代の新しい実験が測ったのは、その電子ニュートリノの反粒子なんです。素粒子にはみな反粒子というのがあってね、それぞれ、たとえば、電子の反粒子は陽電子というのがあります。君たち、エレクトロニクスでしょっちゅう使っている電子はね、マイナスの電気をもった粒子です。それの反粒子である陽電子は、重さなんかは全部同じなんだけども、電気がマイナスじゃなくてプラスの電気を持っています。

もしね、電子とその反粒子である陽電子というのを一カ所にこういうふうに一緒に置いたとしますと、ぱっとお互いに消しあって光になっちゃいます。そういうのが反粒子です。電子ニュートリノというのにも反粒子があって、もしその電子ニュートリノと反電子ニュートリノを何かの方法でくっつけておいたら、ぱっと消えて光になります。こういうものなのです。それを測った。じゃあ、その反電子ニュートリノというのは、どこから出てきているのかというと、これは、皆さんもよく新聞なんかで見ると思うけれど、発電用の電子炉というのがあるでしょ、その電子炉からはしょっちゅうその反電子ニュートリノというのが出ているのです。

今までに、それを測った人は非常に少なくて、だれでもその第三世代のカムランドという神岡の実験では、その反電子ニュートリノをエネルギーの低いところまで、きちんときれいに測りました。それが測れるということになると、もしそのカムランドと同じような装置を地球の表面にたくさんばらまけば、地球の中から出てくる反電子ニュートリノを、地球のいろいろな所で測れます。

地球の中のどういうものが、反電子ニュートリノを出すかというと、地球の中に埋蔵されているウラニウムとかトリウムとか、そういう放射性の変化をする元素が、反電子ニュートリノを出しています。今のようにたくさんのカムランドを置いて、ちゃんと測ると、地球のこの場所の三千キロ深いところには、三十億トンのウラニウムやトリウムがあるぞ、こっちには四億トンの塊があるぞ、こういうのが全部輪切りにした写真のようにわかります。

これは、すごいことなんです。というのはね、皆さん新聞などで見るでしょう、熔岩が飛び出して大きな被害が起きたとか、あの火山の熔岩は、どこからエネルギーをもらってあんな熱いどろどろのものになったのか。それは、元をたどれば、地球が四六億年前に地球になって固まった時から、ずっと中でウラニウム、トリウムという放射性元素が、放射性変脱といって、他の原子に変わるとそのとき出すエネルギーが、たまりにたまって岩を溶かして熔岩を作ります。地球の中のエネルギーの大本は、全部ウラニウム、トリウムのそういう元素の出すエネルギーです。だから、ニュートリノを測ることによって、地球の中のエネルギーの大本がどこにどれだけあるかというのを知るということは、これはもう地球を理解するには大変に大事なことです。それをやったからといって、一文の利益にもなりません。

Q9　小柴先生は、ノーベル物理学賞を受賞されたのですけれども、これからの目標というものはありますか。

（中三女）　南　利夫

A　このおじいさんになると、もうあんまりできないのだけれども、いまだに夢はありましてね。このテーブルに乗っかるような実験は、今でも四、五人の仲間とやっています。どんな実験ですかと聞かれても、なかみは内緒。

おわりに

この原稿を書いている時に「平成一六年度に全国の公立小学校の児童が校内で起こした暴力行為が過去最多である」との報道がありました。特に顕著な現象として「感情の抑制が利かない」とか「突発的、短絡的に暴れる」といった問題行動が報告されていました。たとえば、①担任があいさつ指導をすると暴言をはき、いきなり殴りかかろうとする（小五男子）や、②休み時間中に友達との意見の食い違いから不機嫌になり校舎の窓ガラスを割った（小六男子）、また、運動会の練習で、指示に反して教師を蹴った（小六男子）など。原因については、その一つを「友達（状態の）親子」や「働いている親との会話不足」などをあげる識者がいるとのことです。そして「家庭内での親子の会話の減少」や「親の権威の欠如」など家庭教育の低下に原因があるとの声が多くの識者から指摘されていると説明されていました。

青少年・児童を健全に育成するという問題は、いつの時代にあっても教育の重要な課題の一つでありますし、子どもの教育は、まずはそれぞれの家庭が担うことは言うまでもありません。しかし一方で、社会性や規範意識を育てるには「地域の力」も重要ではないかと考えます。

現在わが国では、少子化・核家族化が進み、人口の流動化とあいまって（特に都市部で）人々が地域の諸活動に無関心になっていく傾向があります。そしてその状況のもとで急激に地域の教育力が低下していったと思います。もちろん地域によっては「祭り」などの行事を中心に住民同士が結ばれているところもありますし、「地域」への関心も高いところもあると思いますが、多くの地域から「居場所」が消えていきつつあるのも事実です。

さて、われわれにとってこの三年間「地域教育力の活性化」という大きな主題に向け、専門も多様で多彩な委員で構成する会で協議できたのは非常に幸運であったと思います。この協議会は、（学校教育部や指導部ではなく）生涯学習部に設けられた性格上、家庭教育を含め、地域の教育力をどう活性化させていくかが主なテーマとなりました。委員は大学の教員、小中学校の校長、学校開放事業関係者、青年海外協力隊経験者、町会長、地域の学習塾や洋楽・邦楽の指導者、さらに家庭の主婦など多彩な顔ぶれであり、それだけに各委員の主題に対する視点も多様でありました。私自身も中学校教育に携わっている関係上、学校経営の視点からの意見・発言が主でありました。それぞれの専門分野に立ってのさまざまな意見を聴きながら、最初の一年間は、論点の多様さに焦点が定まらなかったり、協議の行き先がなかなか見えなくて戸惑うことが多かったのも事実です。また「地域の教育力」や「家庭の教育力」というある意味で掴み所のないものだけに、協議の進行には時間を要しました。さらに「地域」の定義についても多少の時間をとって意見を交換しました。定義することの要・不要の意見もありましたが、共通認識として、（学校教育を例にとれば）「学区を基本にしつつも子どもたちが日頃活動している範囲」というように合目的的な解釈でひとまず協議を進めることになりました。しかし協議の内容は、各委員がそれぞれ日頃実践している体験に基づくものだけに、多くの発言や提言は新鮮で感動的であり、回数を重ねるごとに協議の内容が深化していったと思います。

二年目に入り、「要《い》場所」というキーワードを創出することで協議のゴールが見えたと思います。今までの多面的で多様なそれぞれの実践とその意味づけが「要《い》場所」という共通項で括ることで、新たな光を放つことを感じました。

本書の内容の特徴は、単に「理論」というより、「実践」であります。そして「地域の教育力」を活性化するために、自分たちが実際に行動した行動の記録書でもあります。しかも「学校と地域との連携」や「地域内での異世代間交流」さらに「地域総合型スポーツクラブの活動」など多彩な実践が報告されています。

考えてみれば、大切なことは、子どもの「生きる力」をどう育てるかということであり、子どもたちが自分の将来をどう考えていけるかということであります。子どもたちが自分の夢を持ち、自分の目標に向かって歩んでいける環境をおとなたちが作ることであります。その意味では、「要《い》場所づくり」は、おとなたちが子どもたちに用意できる一つのより良い環境だと考えます。この本をとおして読者の皆さんが、それぞれの地域で活動されるときの重要なヒントになることを願っています。

思うに、時々の子どもたちはその時代の影響を受けざるを得ないのであれば、まさに今の子どもたちの状態は現在の社会の状況、日本という国の現状が投影されていると考えられます。おとなたちの責務は重大であります。

終わりになりますが、本書をまとめるにあたり、多くの資料やご助言をいただいた日本ドミノ協会の本宮さん、また、最初の企画段階から事務局として多くの労を注いでいただいた練馬区教育委員会事務局職員のみなさん、出版に当たっての万端のお世話を頂いた学文社の三原多津夫さま、その他ご協力頂いた多くの方々に心よりお礼申し上げます。

（高辻　惇）

執筆者一覧

（五十音順）　＊は練馬区地域教育力・体験活動推進協議会委員

太田　雄三　児童養護施設錦華学院児童指導員（＊）（第4章　第2節）
押田　功　練馬区教育委員会生涯学習部生涯学習課職員（第5章　第2節）
栗川　明夫　練馬区立光が丘第一小学校長（＊）（第3章　第2節）
黒澤　英典　武蔵大学人文学部教授（＊）（はじめに　第1章）
齊藤久美子　練馬区立光が丘図書館長（第5章　第4節）
佐々木義雄　練馬区教育委員会生涯学習部スポーツ振興課　社会教育主事（第5章　第3節）
薗部　俊介　練馬区教育委員会教育長（刊行によせて）
高辻　惇　練馬区立石神井中学校長（＊）（第3章　第3節　おわりに）
高橋美智子　練馬区立大泉第四小学校開放運営委員長（＊）（第4章　第3節）
谷口　雄資　武蔵野音楽大学専任講師（＊）（第2章　第1節）
土谷　京子　主婦（＊）（第2章　第2節）
西潟　貴子　箏曲教授　学習教室講師（＊）（第4章　第4節）
野田　慶人　日本大学芸術学部長（＊）（第4章　第1節）
原澤　成代　音楽講師（＊）（第4章　第5節）
藤田　良治　筑波大学大学院生・会社員（＊）（第2章　第3節）
南　利夫　元公立中学校長（＊）（第4章　第6節　第6章）
本宮　透雄　NPO法人　日本ドミノ協会副理事長（第4章　第1節）
横田　明博　練馬区教育委員会生涯学習部長（第5章　第1節）
吉成　勝好　練馬区立総合教育センター教育相談員（＊）（第3章　第1節）

［編者紹介］

黒澤　英典（くろさわ　ひでふみ）

武蔵大学人文学部教授
放送大学，東洋大学講師
練馬区子ども読書活動推進協議会会長
埼玉県生涯学習実践作文審査委員会委員長
埼玉県白岡町情報公開個人情報保護審査委員会委員長
埼玉県小鹿野町教育委員会委員長
主な編著
『戦後教育の源流』（学文社）
『信頼し合う教師と父母』（学校改革実践講座第23巻）（ぎょうせい）
『講座　教師教育学』（全３巻）編者（学文社）他多数

「居場所づくり」から「要《い》場所づくり」へ

2006年３月10日　第１版第１刷発行

黒澤　英典
練馬区地域教育力・
体験活動推進協議会
共編

発行者　田中　千津子
発行所　株式会社　学文社
〒153-0064　東京都目黒区下目黒3-6-1
電話　03（3715）1501（代）
FAX　03（3715）2012
http://www.gakubunsha.com

印刷　新灯印刷
製本　橋本喜太郎製本所

乱丁・落丁の場合は本社でお取替えします。
定価は売上カード，カバーに表示。

ISBN4-7620-1508-3